DOROTHEA BAUMJOHANN

ALLES HOCH-BEET!

Gestaltungsideen & Praxistipps

blv

INHALT

60

HOCHBEETE FÜR BALKON UND TERRASSE

78

HOCHBEET-PRAXIS

DAS HOCHBEET – EIN DAUERBRENNER

Bücher über Hochbeete sind in den letzten Jahren in großer Anzahl erschienen. Die Vor- und Nachteile dieser Anbaumöglichkeit sind in vielen Werken ausgiebig dargestellt. Das Thema »Hochbeete« scheint sich zu einem Dauerbrenner zu entwickeln. Kein Wunder, denn während Hochbeete noch vor wenigen Jahren ein Nischendasein fristeten, sind sie heute aus der modernen Gartengestaltung – besonders auch in der Stadt – nicht mehr wegzudenken.
Noch vor wenigen Jahren brachte man Hochbeete automatisch mit Gärtnern für Senioren oder für körperlich eingeschränkte Menschen in Verbindung. Hochbeete wurden als ergotherapeutische Hilfsmittel angesehen, die nur zum Einsatz kamen, wenn Gartenarbeiten in den üblichen Grundbeeten aufgrund körperlicher Einschränkungen sehr beschwerlich oder gar nicht mehr möglich waren. Auch heute sind Hochbeete für diese Personengruppen ein Segen, zumal wenn diese sich gern draußen in der Natur aufhalten und etwas im Garten anbauen möchten.

VOM ERGOTHERAPEUTISCHEN HILFSMITTEL ZUM TRENDSETTER

Inzwischen sind die Vorteile von Hochbeeten längst auch bei jungen und gesunden Menschen angekommen. Kaum jemand, der einmal im Hochbeet Gemüse und Kräuter angebaut hat, möchte in Zukunft auf diese bequeme und

Das Hochbeet als ergotherapeutisches Hilfsmittel: in dieser Form gestaltete Beete sind unterfahrbar. Rollstuhlfahrer können in bequemer Sitzposition an dem Beet arbeiten. Weitere Infos zu diesem Beet auf Seite 22/23.

zudem auch noch effektive Möglichkeit der Selbstversorgung verzichten. Hochbeete liegen voll im Trend. Sie sind chic geworden und haben sich als moderne Gestaltungselemente in vielen Gärten einen festen Platz erobert. Auch Stadtgärtner und -gärtnerinnen interessieren sich für Hochbeete, und zwar selbst dann, wenn kein Garten, sondern nur ein kleiner Platz auf dem Balkon vorhanden ist.

Aufgrund der Nachfrage hat sich das Angebot an Hochbeeten auf dem Markt rasant entwickelt. Hochbeete gibt es für alle Gartentypen, vom natürlich gestalteten Biogarten bis zum modernen, formalen Garten sowie für Balkon oder Terrasse. Sie bekommen die Beete aus den unterschiedlichsten Materialien, in vielen verschiedenen Größen, als fertig montiertes Objekt oder als Bausatz. Hinzu kommen viele Ideen und Anleitungen zum Selbstbau. Kurz gesagt: Das Angebot und die Möglichkeiten sind so vielfältig, dass man schnell den Überblick verlieren kann!

DAS ANGEBOT SONDIEREN

Genau an dieser Stelle setzt dieses Buch an. Ich möchte Ihnen einen Überblick über das geben, was an Hochbeeten am Markt angeboten wird. Dazu stelle ich Ihnen eine ganze Palette von Hochbeeten aus den unterschiedlichsten Materialien vor. Alle handwerklich begabten Leser bekommen zudem viele Anregungen für den Selbstbau eines Hochbeetes.

Meine Recherchen für dieses Buch haben mich in viele Privatgärten geführt. Bereitwillig haben

Ein einfaches Hochbeet aus geflochtenen Haselnusszaunelementen. Innen ist das Beet mit einer dicken Folie abgedichtet. Gesehen auf der Landesgartenschau 2017 in Bad Lippspringe.

mir die Gartenbesitzer ihre Hochbeete gezeigt und mich zum Fotografieren eingeladen. Sie haben mir erklärt, wie sie ihr Hochbeet gebaut haben, und über ihre Erfahrungen bei Anbau und Pflege berichtet. All diese Informationen sind in die Beschreibung der Beete mit eingeflossen. Bei allen Hochbeetbesitzern möchte ich mich an dieser Stelle noch einmal ausdrücklich für ihre überaus große Auskunftsbereitschaft und den allseits freundlichen Empfang bei meinen Besuchen bedanken.

DAS FINDEN SIE IN DIESEM BUCH

In den beiden folgenden Kapiteln werden unterschiedliche Hochbeete – zum einen in »festen«, zum anderen in »mobilen« Varianten – präsentiert. Ein drittes Kapitel informiert über praxisrelevante Themen rund um das Hochbeet.

Hochbeete für den Garten

Im ersten Kapitel finden Sie Hochbeete von verschiedenen Herstellern, die Sie überall im Handel erwerben können, aber auch selbst gebaute Hochbeete von Privatleuten, die sich mit etwas Geschick nachbauen lassen.
Die Zusammenstellung erfolgt innerhalb des Kapitels nach dem jeweiligen Baumaterial, das eingesetzt wurde. Ich stelle Ihnen Hochbeete aus Holz vor, dann folgen Beete aus Stein, inklusive eines Gabionenhochbeetes, und Hochbeete aus Beton. Daran schließen sich einige Beete aus Metall und aus (recyceltem) Kunststoff an. Zum Schluss finden Sie noch Hochbeete, die Sie aus universell verfügbaren Materialien wie Europaletten oder einem alten Kellerregal in kurzer Zeit zusammenbauen können.

Hochbeete für Balkon und Terrasse

Das zweite Kapitel ist kleinen Hochbeeten, die sich für den Balkon eignen, gewidmet. Oftmals sind diese keine Hochbeete im klassischen Sinn, sondern eher »hohe Beete«, die auf kleinem Raum Platz finden. Das Volumen der Pflanzgefäße ist aber so groß, dass es möglich ist, Kräuter und Gemüse darin anzubauen.

Hochbeetpraxis

Im dritten Kapitel geht es um wichtige gartenpraktische Aspekte, die das Hochbeet betreffen. Sie erfahren die Vor- und Nachteile der verschiedenen Materialien, bekommen Informationen zum richtigen Standort und zu der für Sie richtigen Größe. Schritt für Schritt wird das Errichten

Ein kleines »Hochbeet« mit austauschbarer grüner Filzeinlage für den Balkon.Mehr dazu auf Seite 62/63.

eines Fundaments erklärt. Beispielhaft sehen Sie den Aufbau eines Hochbeetbausatzes. So können Sie im Vorfeld prüfen, ob Sie sich zutrauen, einen Bausatz selber aufzustellen. Schließlich stelle ich Ihnen unterschiedliche Möglichkeiten für die Beetbefüllung vor. Anhand von Bildern wird die klassische Füllmethode erklärt und eine praktische Alternative dazu vorgestellt. Sie bekommen einen Überblick über sinnvolles Zubehör und finden Informationen über die Bepflanzung von Hochbeeten. Ich mache Ihnen zwei Bepflanzungsvorschläge für jeweils eine ganze Saison, die Sie ganz einfach nachvollziehen können. Die Bepflanzungen werden jeweils im Frühling und im Sommer anhand von Illustrationen vorgestellt. Die wichtigsten Kräuter und Gemüsearten, die sich für den Anbau im Hochbeet eignen, werden zudem auf den letzten Buchseiten zusammengefasst in Porträts dargestellt.

Anhang

Im Anhang finden Sie eine Liste mit den Bezugsquellen für die beschriebenen Beete und weitere nützliche Adressen. Über die Internetadressen können Sie sich über Preise informieren.
Ich wünsche Ihnen viel Freude mit dem Hochbeetbuch und hoffe, dass ich Ihnen, falls Sie die Anschaffung eines Hochbeetes beabsichtigen, Ideen liefern und Entscheidungshilfen geben konnte.

Ihre Dorothea Baumjohann

Pflanzen, säen, stecken: Im Praxisteil finden Sie Informationen über die Bepflanzung eines Hochbeetes. Sie erfahren, welche Gemüsearten direkt gesät werden und welche Sie besser als Jungpflanzen ins Beet setzen.

HOCHBEETE FÜR DEN GARTEN

Holz, Stein, Beton, Kunststoff oder Metall – es gibt eine Vielzahl von Materialien, die sich eignen. Einige Hochbeete sind als Bausatz oder fertig montiert lieferbar, andere lassen sich mit etwas Geschick nachbauen.

EIN BAUSATZ AUS LÄRCHENHOLZ

Dieses Prachtstück aus Lärchenholz steht in unserem eigenen Garten. Wir haben es als Bausatz gekauft und ohne irgendwelche Probleme aufgebaut. Für die Qualität des Beetes spricht, dass es schon einmal mit uns umgezogen ist, nachdem es an seinem ursprünglichen Platz ein Jahr gestanden hatte. Die dicken Lärchenbohlen und auch die Verschraubungen haben den Ab- und Wiederaufbau problemlos überstanden.

WETTERBESTÄNDIGES HOLZ

Lärchenholz ist eines der haltbarsten einheimischen Nadelhölzer. Durch seinen natürlich hohen Harzgehalt ist es sehr witterungsbeständig, und es bedarf keinerlei weiteren Behandlung mit Ölen oder Lasuren. Allerdings vergraut das unbehandelte Holz mit der Zeit. In Bereichen, die der Sonne ausgesetzt sind, vollzieht sich der Farbwechsel sehr schnell, beschattete Bereiche behalten länger den warmen Holzton. Sind alle Holzbereiche nach einigen Jahren komplett grau, hat das ganze Beet wieder eine homogene Farbgebung und zusätzlich eine Ausstrahlung mit einer gewissen Patina.

VERSCHIEDENE GRÖSSEN

Das Lärchenholzhochbeet kann als Bausatz bestellt werden. Sie bekommen es in zwei verschiedenen Breiten (1,00 und 1,50 m), vier verschiedenen Längen (zwischen 1,50 und 4 m) sowie zwei unterschiedlichen Höhen (0,80 und 0,94 m). So ist für jede Garten- und jede Körpergröße ein passendes Beet dabei. Auf Wunsch wird eine Noppenfolie zum Schutz des Holzes vor Feuchtigkeit mitgeliefert, diese wird innen angebracht. Für Regionen mit vielen Wühlmäusen kann das passende Drahtgitter, das am Boden des Beets das Eindringen der lästigen Nager verhindert, hilfreich sein.

AUFBAU UND BEFÜLLUNG

Der Aufbau dieses Beetes ist beispielhaft im Praxiskapitel dieses Buches auf den Seiten 86/87 beschrieben.
Als wir das Beet vor zwei Jahren das erste Mal aufbauten, haben wir uns für die klassische Füllweise entschieden. Diese Vorgehensweise wird auf den Seiten 88–90 beschrieben. Wie viele Hochbeetgärtner konnten wir beobachten, dass die Füllung schon im Laufe der ersten Saison stark zusammensackt. Durch den Umzug bot sich die Möglichkeit, das Beet erneut zu füllen. Dieses Mal haben wir uns für die auf Seite 91 dargestellte alternative Füllmethode entschieden. Nach der ersten Saison weist das Beet den selben Füllstand auf wie am Anfang.

ZUSATZAUSSTATTUNG

Der Hersteller bietet eine Vorrichtung für eine automatische Bewässerung an, die für große Beete empfehlenswert ist. Für jedes Beet ist eine Frühbeethaube, auf Wunsch mit automatischen Fensteröffnern, lieferbar. Sehr praktisch für Hochbeetgärtner, die tagsüber weg sind!

Das rötliche Lärchenholz des etwa ein Jahr alten Hochbeetes ist unbehandelt. Die sonnenexponierten Partien vergrauen schnell. Wer das nicht mag, muss das Holz von Anfang an regelmäßig lasieren.

WANDLUNGSFÄHIGES DOUGLASIENHOLZ

Der Hersteller dieser Hochbeete hat sich für Douglasienholz entschieden. Dieser ursprünglich in Nordamerika beheimatete Nadelbaum wird auch in Europa angebaut. Ausgedehnte Waldflächen mit Douglasienbeteiligung gibt es beispielsweise in Rheinland-Pfalz und Baden-Württemberg. Wie das auf den vorigen Seiten beschriebene Lärchenholz besitzt auch die Douglasie einen hohen Harzgehalt und ist somit auch ohne Lasur- oder Farbauftrag sehr haltbar. Lässt man das Douglasienholz unbehandelt, vergraut es langsam und bekommt mit den Jahren einen silbrigen Schimmer, dessen natürliche Patina viele sehr attraktiv finden.

KONSTRUKTIVER HOLZSCHUTZ

Neben der Verwendung einer widerstandsfähigen Holzart setzt der Hersteller zusätzlich auf konstruktiven Holzschutz: Durch die abgestufte Konstruktion der Hochbeetwände kann Regenwasser gut abtropfen, das Holz trocknet schnell. Stirnholz, bei dem die Fasern angeschnitten werden, liegt an keiner Stelle des Beetes offen. Zudem haben die Beete einen Abschluss aus thermisch behandeltem Eschenholz, in das eine Abtropfkante eingearbeitet ist. Durch das Thermoverfahren verlängert sich die Lebensdauer des Holzes, da die Fäulnisresistenz erhöht und die Oberfläche härter wird. Da das Thermoholz etwas dunkler ist und sich von dem unbehandelten Douglasienholz absetzt, wirkt der Beetabschluss auch optisch sehr gelungen.
Damit das Hochbeet von unten vor Nässe geschützt ist, wird empfohlen, ein Fundament, z. B. aus Rasenkantensteinen oder ähnlichem Material, herzustellen. Nähere Informationen dazu finden Sie auf den Seiten 84/85.
Der Nässeschutz für die Innenwände des Hochbeetes besteht aus einer hochwertigen, elastischen Teichfolie, die mit einem Nylonband am oberen Rand festgeklammert wird.

FORMEN UND GRÖSSEN

Das Angebot der Douglasienhochbeete ist sehr vielfältig. Es gibt sie in vielen verschiedenen Formen, einige Modelle auch in unterschiedlichen Größen von S über M zu L. Jede Hochbeetvariante wird in zwei verschiedenen Höhen von 85 und 94 cm angeboten. Somit kann man sich für jede Gartengröße und für alle Körpergrößen das passende Beet aussuchen.
Allen Hochbeeten gemeinsam ist die leicht konische, sich nach unten verjüngende Form. Dies sorgt für Fußfreiheit, was das Arbeiten an dem Beet erleichtert und bequem macht.

Formschön und bequem zu bearbeiten ist das Modell »Oval«, das hier mit Buschbohnen bepflanzt ist.

Im Schaugarten sind viele Modelle aufgebaut und zu einem attraktiven Hochbeetgarten arrangiert worden. Hier finden Sie zudem viele Bepflanzungsvorschläge, die zeigen, wie vielfältig Hochbeete gestaltet werden können.

KIEFERNPFÄHLE IM METALLRAHMEN

Eingerahmt von typischen Bauerngartenstauden wächst das Gemüse bei Familie Bobinger in einem rustikalen Hochbeet aus Kiefernpfählen. In Reihen stehen üppig wuchernde Buschbohnen, Salate, Kohlrabi und Möhren im Beet. Ergänzt wird das Hochbeet durch eine Kräuterspirale, die aus Ziegelsteinen trocken aufgeschichtet ist und sich direkt neben dem Gemüsehochbeet befindet. Eine Streuobstwiese schließt sich direkt an den Gemüsegarten an. Die Bobingers sind vom Frühjahr bis weit in den Herbst hinein mit selbst gezogenem Gemüse, frischen Kräutern und eigenem Obst gut versorgt.

AUSSERGEWÖHNLICHES BAUMATERIAL

Eins zu eins nachbauen lässt sich dieses Hochbeet kaum, denn Familie Bobinger hat bei der Materialbeschaffung originelle Quellen nutzen können: Der Metallrahmen des etwa 2 × 2 Meter großen Hochbeetes ist aus den Bauteilen eines alten Strommasts zusammengeschweißt, der früher auf einem Feld der Bobingers stand und außer Dienst gestellt wurde. Die zehn Zentimeter dicken Kiefernpfähle stammen aus dem Wald eines Freundes. Die Bobingers haben die Stangenhölzer unentrindet für die Wände des Hochbeetes verwendet.

Aber vielleicht haben Sie ja Möglichkeiten, an ähnliches Material heranzukommen! Vergleichbares lässt sich beispielsweise auch im Handel beschaffen: Metallwinkel gibt es im Baumarkt in verschiedenen Größen und Stärken. Anstatt der Kiefernpfähle könnten beispielsweise nicht angespitzte Holzpalisaden zum Einsatz kommen, die im Holzhandel in verschiedenen Stärken und Längen vertrieben werden.

BOBINGERS BAUANLEITUNG

Für das Hochbeet wurden zunächst zwei quadratische Metallrahmen aus Winkelprofilen gebaut. Die Profile haben eine Länge von zwei Meter. An den Ecken wurden die Rahmen mit vier stabilen Eckpfosten, die im unteren Bereich noch einmal verstärkt sind, verschweißt. Im nächsten Schritt haben Bobingers das Gestell im Garten aufgestellt und ausgerichtet. Die Pfähle sind an den Enden auf Gehrung geschnitten. Sie wurden dann ganz einfach Reihe für Reihe in dem Gestell aufgeschichtet. Die Stämme halten allein durch den Erddruck, der von innen auf ihnen lastet. Eine Noppenfolie, innen an den Seitenwänden aufgebracht, schützt das Holz vor Feuchtigkeit. Den Abschluss bildet eine auf Gehrung zugeschnittene Holzumrandung.

SCHUTZ GEGEN SPATZEN

Familie Bobinger hat ihr Hochbeet klassisch mit Strauchschnitt, Mist, Kompost und Gartenerde gefüllt. Die obere Schicht besteht aus einer gekauften Universalerde. Frau Bobinger pflanzt schon sehr zeitig im Frühjahr und schützt die ersten Pflanzen mit Vlies vor Frost. Die Abdeckung hält auch die Spatzen fern, die gern im Hochbeet ein Erdbad nehmen. Später wird ein schützendes Netz übers Gemüse gelegt.

Kiefernpfähle und ein ausrangierter Strommast aus Metall bilden das Baumaterial dieses rustikalen Hochbeetes. Material für den Metallrahmen können Sie aber auch im Baumarkt erwerben.

EICHENBOHLEN UND FLECHTWERK

Bei Familie Beer stehen zwei Hochbeete, deren individuelle Eigenkonstruktionen aus Eichenbohlen und Flechtwerk sich harmonisch in den mit Holz und Natursteinen gestalteten Kräuter- und Gemüsegarten einfügen.

DIE »ZWEI SCHWESTERN«

So nennt Frau Beer ihre Beete, die sich sehr ähnlich sehen und doch deutlich voneinander unterscheiden: Beide Hochbeete sind aus Eichenbohlen und Flechtwerk gefertigt. Während die Holzbohlen des einen Beetes eine Rundung nach unten aufweisen, sind die Bohlen des zweiten Beetes so angebracht, dass die Rundung nach oben zeigt. Durch die unterschiedliche Ausrichtung der Eichenbohlen ergeben sich verschiedene Formen bei den Haselnussgeflechten. Mittlerweile stehen die Hochbeete fünf Jahre im Garten. Sie haben nichts von ihrer Schönheit eingebüßt. Das Eichenholz vergraut langsam und bekommt eine schöne Patina. Das Flechtwerk aus Haselnussruten muss immer wieder erneuert werden.

Buchskugeln passen gut zum Bauerngarten-Flair, das die rustikalen Hochbeete ausstrahlen.

FAMILIE BEERS BAUANLEITUNG

Material:

- 4 Eichenpfosten, ca. 80 cm hoch
- 2 Eichenbohlen mit einer begradigten und einer ungesäumten Baumkante, ca. 30 × 90 cm
- 2 Eichenbohlen mit einer begradigten und einer ungesäumten Baumkante, ca. 30 × 180 cm
- 2 Eichenbohlen mit ungesäumten Baumkanten, ca. 30 × 90 cm
- 2 Eichenbohlen mit ungesäumten Baumkanten, ca. 30 × 180 cm
- Reste einer Baustahlmatte
- Haselnuss- oder Weidenruten
- Glattkantbretter, Edelstahlschrauben

Die Eichenbohlen werden oben und unten an die Pfosten geschraubt. Die begradigten Längsseiten schließen bodenbündig ab. Zwischen den Eichenbohlen entsteht so eine etwa 20 cm breite Lücke. Die Baustahlmattenreste werden von innen so angebracht, dass sie die Lücken abdecken. Nun können die Haselnussruten durch die Streben der Baustahlmatte geflochten werden. Damit keine Erde durch das Flechtmaterial rieselt, wird der Flechtbereich von innen mit Glattkantbrettern abgedichtet.

Die fünf Jahre alten Hochbeete aus dicken Eichenbohlen haben mit der Zeit eine schöne Patina angesetzt. Der gekieste Untergrund verhindert, dass Nässe von unten aufsteigen kann.

KIEFERNBRETTER IN METALLPROFILEN

Familie Hufnagel hat zwei über Eck gebaute Hochbeete im Gemüsegarten errichtet. Die Beete sind durchdacht konstruiert und äußerst praktisch in der Handhabung. Bei etwas mehr als einem Meter Breite haben die Außenschenkel der rechtwinkligen Konstruktion eine Länge von gut zwei Metern. In der Höhe messen die Beete etwa 85 cm. Die Fläche um die Hochbeete ist mit steinernen Bodenplatten ausgelegt.

MATERIAL UND BAUWEISE

Die Hochbeete zeichnen sich durch eine Bauweise aus, die durch stabile und langlebige Materialien sowie konstruktiven Holzschutz geprägt ist. Eine lange Lebensdauer ist auf diese Weise gesichert.
Die Hochbeetpfosten bestehen aus ca. 1,20 m langen, U-förmigen, verzinkten Eisenprofilen. Sie bilden die Ecken des Hochbeetes und stabilisieren außerdem die Mitte der langen Wände.

Als Pfosten sind jeweils zwei U-Profile im 90°- bzw. 180°-Winkel (Eck- bzw. Zwischenpfosten) verbunden.

Für die Eckpfosten sind jeweils zwei U-Profile im rechten Winkel miteinander verschweißt. Für die Zwischenpfosten sind die U-Profile an den Unterseiten verbunden. Die Pfosten sind ungefähr 35 cm tief in den Boden einbetoniert. Zwischen den Pfosten sind Rasenkantensteine gesetzt, die etwa 5 cm aus dem Boden ragen. Der Abstand der Pfosten ergibt sich aus der Länge der Kantensteine, die meistens in Längen von 80 bzw 100 cm angeboten werden. Die Beetwände bestehen aus 4 cm dicken Holzbohlen. Ihre Länge hängt vom Abstand der Pfosten ab und kann erst ermittelt werden, wenn Pfosten und Kantensteine gesetzt sind. Die Bohlen werden von oben in die Profile eingeschoben und halten ohne weitere Verschraubung. Für Erdarbeiten am Hochbeet können sie problemlos herausgenommen werden, was ein Neuaufsetzen der Beetfüllung nach einigen Jahren enorm erleichtert. Die Innenwände der Beete sind mit Noppenfolie ausgekleidet, die das Holz vor Feuchtigkeit schützt. Einen schönen Abschluss bekommen die Beete durch eine sorgfältig auf Gehrung gesägte Holzumrandung.

FÜLLUNG UND BEPFLANZUNG

Familie Hufnagel hat ihre Hochbeete nach der klassischen Methode (siehe Seite 88) gefüllt. Holzscheite und Strauchschnitt bilden die Drainageschicht. Mit Stroh und Pferdemist wird ein Nährstoffvorrat im Beet angelegt. Die Pflanzschicht besteht aus Gartenerde gemischt mit eigenem Kompost. Das Beet ist sehr abwechslungsreich mit Kräutern und Gemüse bepflanzt.

Kräftig sehen die Kräuter- und Gemüsepflanzen in den Hochbeeten bei Familie Hufnagel aus. In den Beeten ist Platz genug für schnellwüchsige Salate, aber auch für Kulturen mit langer Standzeit, wie Sellerie, Lauch und Kohl.

TISCHHOCHBEET FÜR ROLLSTUHLFAHRER

»Hochbeet Sana« nennt der Schweizer Hersteller sein eigens für Rollstuhlfahrer konzipiertes Tischhochbeet. Während Rollstuhlfahrer an Hochbeeten mit geraden Wänden nur seitlich heranfahren können und dann mit gedrehtem Oberkörper arbeiten müssen, kann dieses Beet »unterfahren« werden: Man sitzt also an dem Hochbeet wie an einem Tisch und kann ganz bequem im Sitzen, ohne sich zu verrenken, arbeiten. Konzipiert wurde das Hochbeet speziell für Senioren- und Pflegeeinrichtungen. Nichts spricht aber dagegen, es bei Bedarf auch im eigenen Garten aufzustellen.
Passend zu dem Modell »Sana« bietet der Hersteller das Hochbeet »Claudia« an. Es hat die Form eines normalen Hochbeetes mit geraden Wänden und besteht wie seine »Schwester« aus einem Metallrahmen mit Lärchenholzfüllung. Beide Hochbeete lassen sich daher gut im Garten oder in einer Einrichtung kombinieren.

STANDARDGRÖSSEN UND ANFERTIGUNGEN NACH MASS

Beide Hochbeetmodelle sind in zwei verschiedenen Breiten und unterschiedlichen Längen bis 3,61 m auf dem Markt. Das Tischhochbeet wird in der schmalen Variante mit einer geraden Seite geliefert und kann in dieser Form an einer Wand aufgestellt werden. Die breite Variante wird frei zugänglich aufgestellt und ist von beiden langen Seiten unterfahrbar. Hochbeet »Claudia« wird in einer Höhe von 80 cm angeboten, bei »Sana« beträgt die Höhe 90 cm. Der Hersteller bietet für beide Hochbeetmodelle auch Maßanfertigungen an. Als Zubehör wird eine leicht zu montierende Frühbeethaube und eine baugleiche Abdeckung mit einem Kulturschutznetz angeboten. Die Frühbeethaube ist auf Seite 92 abgebildet.

LEICHT AUFZUBAUEN

Die Hochbeete werden als Bausatz geliefert. Sie lassen sich leicht aufstellen, denn die Wände sind bereits vormontiert. Vor der Anlieferung per Spedition bereiten Sie den Stellplatz in Ihrem Garten vor. Tipps dazu, auch für ein Fundament, finden Sie auf den Seiten 84/85. Das Hochbeet selbst ist in wenigen Stunden aufgebaut. Es wird mit einem kompletten Schraubensatz und auf Wunsch auch mit passend zugeschnittener Noppenfolie inklusive Befestigungsmaterial geliefert. Als Werkzeug brauchen Sie lediglich einen Schraubenschlüssel, einen Akkuschrauber, eine Wasserwaage und ein Cuttermesser.

Das Hochbeet »Claudia« passt zum Tischhochbeet. Es ist aus Lärchenholz mit einem Metallrahmen gebaut.

Das Tischhochbeet »Sana« ist eines der wenigen unterfahrbaren Modelle, die auf dem Markt als Bausatz angeboten werden. Hergestellt in der Schweiz, wird es auf Anfrage auch in Deutschland ausgeliefert.

GRANITPALISADEN MIT LÄRCHENHOLZ

Auf ihrem parkähnlich anmutenden Grundstück mit Holzhaus hat Familie Raith zwei Hochbeete aufgestellt. Aus Granit und Lärchenholz gebaut, kommen zwei hochwertige, natürliche und haltbare Baumaterialien zum Einsatz. Zwischen Obstwiese und Wohnhaus haben die Raiths einen sonnigen Platz für die Beete gefunden. Beide Hochbeete sind 2,60 m lang und 90 cm breit. Der gelernte Schreiner und seine Frau haben die Beete an die Geländeneigung angepasst. Daraus ergibt sich, dass die Hochbeete keine einheitliche Höhe haben: Oben am Hang sind sie etwa 65 cm hoch, auf der hangabwärts liegenden Seite etwa 80 cm.

GEBAUT FÜR DIE EWIGKEIT

Zu Baubeginn wurde die Fläche für die Hochbeete und die sie umgebenden Wege etwa 30 cm tief ausgehoben. Die aus Granit bestehenden Pfosten wurden frostfrei gegründet. Dafür musste an den vier Ecken und jeweils in der Mitte der Längsseiten ca. 80 – 100 cm tief ausgeschachtet werden. Die 150 cm langen Granitpalisaden setzten die Raiths in Magerbeton und richteten sie in der Höhe so aus, dass die Oberkanten in der Waage stehen. Zwischen die Granitpalisaden wurden große Granitpflastersteine einbetoniert. Durch sie haben die Holzwände der Hochbeete keinen direkten Kontakt mit dem Erdboden und sind vor Nässe geschützt.

DAS HOLZ ANBRINGEN

Herr Raith hat die Lärchenholzbretter für die Hochbeetwände aus Bohlen geschnitten und gehobelt. Stirnseitig ist eine Nut eingefräst. An den Granitpfosten wurden T-Profile befestigt und zur Stabilisierung mit Winkeln verschweißt. Die eingefrästen Bretter wurden auf die Profile geschoben und von innen verschraubt. Äußerlich ist daher keine Befestigung sichtbar, was optisch gut wirkt und zudem das Korrodieren der Schrauben verhindert. Um die Holzwände vor Nässe zu schützen, ist das Hochbeet innen mit einer Noppenfolie ausgekleidet.

Vor dem Anbringen der Holzwände wird das Gerüst aus Palisaden und Granitpflaster gebaut.

In der Aufsicht sind die mit Winkeln verschweißten T-Profile und die eingefräste Nut zu erkennen.

Mit viel Liebe zum Detail sind diese Hochbeete gebaut. Die Zwischenräume zwischen den Hölzern sorgen für eine gute Luftzirkulation, sodass die Holzwände nach einem Regenschauer schnell wieder abtrocknen können.

WEIDENGEFLECHT IM LÄRCHENRAHMEN

Etwas Schönes und Ansprechendes zu bauen, das sich harmonisch in den Garten einfügt – mit diesem Anspruch entwirft der Hersteller dieser Hochbeete seine Produkte. Die Abbildung auf der rechten Seite zeigt ein Modell aus Weidengeflecht, das diesen Anforderungen mehr als gerecht wird. Dafür wird eine Technik verwendet, die zu den ältesten der Menschheit gehört: Aus einer Vielzahl von Materialien werden durch das Flechten stabile Strukturen geschaffen. Die Technik wurde sogar als immaterielles UNESCO-Kulturerbe ausgezeichnet.

SO IST DAS HOCHBEET GEBAUT

Das Flechtwerk für die Seitenwände des Hochbeetes wird aus den Ruten der Kopfweide hergestellt. Die kräftigen und sehr festen Weidentriebe werden dafür in einen Stahlrahmen mit mehreren Querstreben eingeflochten. An den Seiten sind die Wände mit massiven Lärchenholzpfosten eingefasst. Aus Lärchenholz ist auch die obere Umrandung des Beetes gefertigt. Die Innenwände des Hochbeetes sind mit einer Noppenfolie ausgestattet. Sie bildet eine Trennschicht zwischen Holz und Erdfüllung, die das Holz von innen vor Nässe schützt. Gleichzeitig wird durch den Einsatz verhindert, dass Substrat zwischen den Ruten herausrieselt.
Der Aufbau des 82 cm hohen, 194 cm langen und 134 cm breiten Beetes ist denkbar einfach. Sie bekommen die fertigen Wände geliefert, die sogar schon mit der Noppenfolie versehen sind. Ebnen Sie die Stellfläche für das Beet ein und fertigen Sie ein Fundament an, das das Hochbeet vor Nässe von unten schützt. Wie Sie dabei am besten vorgehen, ist auf den Seiten 84/85 beschrieben. Die Seitenwände werden dann lediglich auf den Unterbau gestellt und miteinander verhakt. Die passgenau zugeschnittene Umrandung ist ebenfalls leicht anzubringen.

Der Hersteller bietet viel schönes und praktisches Zubehör, wie diesen Frühbeetaufsatz, an.

WEITERE HOCHBEETE AUS LÄRCHENHOLZ

Neben dem Weidengeflecht-Hochbeet bietet der Hersteller auch Beete komplett aus Lärchenholz an. Ein besonderes Augenmerk wird bei den Holzbeeten auf konstruktiven Holzschutz gerichtet. So sind beispielsweise die Seitenwände mit Abstandhaltern zwischen den einzelnen Hölzern versehen. Auf diese Weise können die Planken nach Regenfällen oder nach dem Gießen leicht abtrocknen. Die Hochbeete haben dadurch eine sehr lange Lebensdauer.

Das Hochbeet aus Weidengeflecht ist innen komplett mit einer Noppenfolie ausgeschlagen. Wenn Sie das Beet mithilfe einer Schubkarre füllen, schützen Sie die Holzumrandung am besten mit einem dicken Vlies vor Schäden.

KREATIV MIT HOLZ UND ZIEGELN

Nähert man sich dem Kräuter- und Gemüsegarten der Familie Meier, fällt einem zuerst der außergewöhnliche hölzerne Lattenzaun ins Auge. Die Einfriedung mit ihren aufwendig gestalteten Zaunköpfen hat Frau Meier selbst entworfen und zusammen mit ihrem Schwiegervater gebaut. Auch das Hochbeet ist eine gelungene Eigenkonstruktion.

MATERIAL UND GRÖSSE, INDIVIDUELL ANGEPASST

Außen treten am Hochbeet nur natürliche Baumaterialien wie Holz und Ziegelsteine in Erscheinung. Da für Hochbeet und Zaun die gleiche Holzart verwendet wurde, fügt es sich perfekt in die naturnah gestaltete Umgebung ein. Durch das Hochbeet wird der vorhandene Raum optimal genutzt: Mit einer Länge von 255 cm und einer Breite von 130 cm passt es genau neben das Gewächshaus im hinteren Bereich des Gartens. Bei einer Höhe von 85 cm kann der Gärtner bequem pflanzen und pflegen.

INNEN WITTERUNGSBESTÄNDIG

Der innere Kasten des Hochbeetes ist aus Aluminiumprofilen und vier Holzpfosten zusammengeschraubt. Die Profile hat Frau Meier als Abfallprodukte von ihrer Arbeitsstelle mitnehmen können. Die Profile sind ganz einfach an vier Pfosten aus Holz angeschraubt. Das verwitterungsstabile Material der Seitenwände garantiert eine lange Haltbarkeit des Hochbeetes.

ANSPRECHENDE HÜLLE

Der Aluminiumrahmen wird durch eine Verkleidung aus natürlichen Materialien verdeckt. Lediglich auf der Rückseite wurde auf diese Maßnahme verzichtet, da diese direkt an den Zaun angrenzt und optisch nicht in Erscheinung tritt. Die kurzen Seiten sind mit Holz beplankt. Der ganz besondere Charme des Hochbeetes besteht in der Gestaltung der Vorderseite: Im ersten Schritt wurde ein etwa 10 cm tiefer, rautenförmiger Holzkasten in der Mitte des Beetes angeschraubt. Gefüllt mit zugeschnittenen, mit der Stirnseite nach vorn eingesetzten Astabschnitten verleiht er dem Hochbeet einen individuellen Charakter. Die übrige Fläche der Vorderfront ist mit Ziegelsteinen aus einem Abbruch gestaltet worden. Dafür wurden die Steine hochkant übereinandergesetzt. Den oberen Abschluss des Hochbeets bildet eine sorgfältig auf Gehrung zugeschnittene Holzumrandung.

Durchs Austrocknen verlieren die Aststücke an Volumen. Hin und wieder muss man eines nachschieben.

Auch die Frühbeethaube auf diesem individuell angefertigten Hochbeet ist eine Eigenkonstruktion. Sie lässt sich bei Bedarf einfach herunterklappen, ähnlich dem Prinzip eines Brotkastens.

GEMAUERT AUS FELDSTEIN UND ZIEGELN

Der Landschaftsgärtnermeister Klaus Dreier und seine Frau Lisa Dübjohann, ebenfalls ausgebildete Gärtnerin, haben vor einigen Jahren einen alten Resthof gekauft und liebevoll restauriert. Eines der kleineren Bauprojekte auf dem Hof ist ein Hochbeet, das Herr Dreier aus den Abriss-Klinkern eines alten Schweinestalls und einigen in der Umgebung gesammelten Feldsteinen gemauert hat. Es ersetzt ein inzwischen morsch gewordenes Hochbeet aus Holz.

SO IST DAS HOCHBEET GEBAUT

Nachdem eine Alternative zum Holz gesucht wurde, hat sich Familie Dreier-Dübjohann dieses Mal für ein gemauertes Beet entschieden. Verwitterungsstabil sollte es sein und zum Stil des alten Fachwerkhauses passen.

Gerüst aus Europaletten

Vor den Mauerarbeiten haben Herr Dreier und Frau Dübjohann auf dem zukünftigen Platz für das Hochbeet einen großen Kasten aus Europaletten gebaut. Wie bei dem Recycling-Hochbeet Seite 54/55 werden sechs Europaletten, mit den Oberseiten nach außen, zu einem rechteckigen Kasten verbaut. Die Außenseiten des Kastens werden mit dünnen Schalplatten abgedichtet.

Fundament

Da das Hochbeet gemauert werden soll, hat sich Herr Dreier entschlossen, ein frostfrei gegründetes Streifenfundament anzufertigen. Dafür hob er rund um den Palettenkasten einen 25 cm breiten und 80 cm tiefen Graben unter den zukünftigen Hochbeetwänden aus, den er mit Beton ausgegossen hat. In die oberen 25 cm des Fundaments hat Herr Dreier 1 × 2 m große Estrichmatten aufrecht stehend eingelassen, eine Länge von 75 cm schaut aus dem Boden heraus. Die Estrichmatten dienen der Stabilisierung der gemauerten Hochbeetwände und verhindern, dass bei Frost Risse entstehen.

Mauerarbeiten

Nach der Aushärtung des Betons konnten die Mauerarbeiten beginnen. Auf das Fundament rund um den Palettenkasten setzte Herr Dreier die erste Steinlage komplett aus Klinkern. Ab der zweiten Reihe baute er an allen vier Seiten in der Mitte einige Feldsteine mit ein. Da sowohl die Feldsteine als auch die hart gebrannten Klinker kaum Feuchtigkeit aufnehmen, rät Herr Dreier, immer nur eine Steinreihe zu setzen und den Mörtel aushärten zu lassen. Bei einer größeren Last würde der weiche Mörtel nachgeben, sodass die Steine verrutschen. Nach jeder Steinschicht wurde zudem der Raum zwischen den Steinen und der Palette zusätzlich mit Beton ausgefüllt. Mit viel Geduld und Arbeit haben die Hochbeetwände schließlich die endgültige Höhe von 80 cm erreicht.

Fertigstellung

Nach der kompletten Aushärtung der Hochbeetwände wurde der Europalettenkasten wieder abgebaut. Die Innenwände des Hochbeetes hat Herr Dreier dann mit einem Bitumenanstrich abgedichtet. Zum Schluss mauerte er eine Abschlusskante aus großformatigen Natursteinplatten oben auf die Wände.

Die breite Umrandung aus Natursteinplatten ist nicht nur ein optisch gelungener Abschluss für das Beet. Sie hat sich auch als praktische Abstellmöglichkeit für einen Erntekorb oder für Gartenwerkzeug erwiesen.

SCHLÜSSELLOCH AUS GABIONEN

Das Wort »Gabione« kommt aus dem Italienischen und bedeutet »großer Käfig«, im Landschaftsbau auch Steinkorb, Schüttkorb oder Drahtschotterkasten. Das Prinzip dieser schon von den Römern ähnlich angewandten Technik ist ganz einfach: Verzinkte Gittermatten aus Stahldraht oder Zink-Aluminium werden mit Spiralstäben und Abstandhaltern zu Drahtkörben zusammengefügt und mit Steinen gefüllt. Gabionen werden im Landschaftsbau zum Abstützen steiler Böschungen oder als Lärmschutzwand eingesetzt. Im Garten werden Zäune und Sichtschutzwände aus Gabionen gefertigt. Aus etwas zierlicheren Gabionenkörben kann man Hochbeete und Gartenmöbel bauen.

SO IST DAS HOCHBEET GEBAUT

Das schlüssellochförmige Beet ist nur 30 cm hoch, also kein Hochbeet im klassischen Sinn. Es ist aus mehreren formbaren Mauergittersets gebaut, die in beliebiger Anzahl aneinandergefügt werden können. Für die Schlüssellochform brauchen Sie sieben Sets. Sie können auch eigene Formen kreieren und das Beet an den vorhandenen Platz in Ihrem Garten anpassen. Jedes Gitterset besteht aus einem Drahtkorb, der variabel bis zu einer Länge von 2,32 m aufgebaut werden kann. Die Wandstärke des Korbes beträgt 10 cm, die Höhe 40 cm.

Gabionenkörbe können, wie hier zu sehen, auch fantasievoll mit anderen Materialien gefüllt werden.

- Für das Gabionen-Hochbeet wird kein Fundament benötigt. Der Hersteller empfiehlt aber, die Körbe vor dem Befüllen in einen 10 cm tief ausgeschachteten Graben zu stellen. Daraus ergibt sich eine sichtbare Wandhöhe von 30 cm. Für eine bessere Standfestigkeit fixieren Sie die Drahtgestelle mit Beton.
- Sind die Gitterkörbe fest im Graben verankert, werden sie mit Steinen gefüllt. Das geht am besten per Hand und Eimer. Stimmen Sie die Optik der Steinfüllung auf andere Elemente in Ihrem Garten, beispielsweise den Wegebelag, ab, dann fügt sich das Beet harmonisch in die Umgebung ein. Am günstigsten ist die Befüllung, wenn Sie Steine aus regionaler Herkunft verwenden.
- Bevor das Beet mit Erde gefüllt wird, muss unbedingt eine Sperre, etwa eine Teichfolie oder ein Vlies, an den Innenrand gestellt werden, damit das Substrat nicht in die Steinfüllung hineingespült wird.

Neben den Mauergittersets bietet der Hersteller auch ein Gabionensystem an, bei dem 45 cm hohe Körbe übereinandergesetzt werden können. Sie sind geformt wie Rasenmähkanten, sodass verschiedene Beetformen in einer Höhe von 90 cm gebaut werden können.

Das schlüssellochförmige Hochbeet ist aus mehreren formbaren Gitterkörben zusammengesetzt. Bei einer Höhe von 30 cm beträgt die Beetbreite 1,35 m. Der Gesamtdurchmesser des Beetes liegt bei etwa 3,60 m.

TROCKEN GEMAUERT AUS NATURSTEIN

Gartengrundstücke mit Hanglage werden oftmals terrassiert, denn durch die entstehenden Ebenen auf verschiedenen Niveaus lässt sich das Gelände anschließend leichter bewirtschaften. Durch Modellierung der Ebenen entstehen allerdings Steilhänge, die abgefangen werden müssen. Grundsätzlich gilt: Je mehr Hang abzustützen ist und je steiler dieser ist, desto mehr Masse muss ihm entgegengestellt werden. Eher für kleinere Böschungen sind Trockenmauern aus Natursteinen geeignet. Vor dem Aufschichten der Mauersteine muss aber auf jeden Fall ein Schotterfundament angefertigt werden.

STÜTZENDE TROCKENMAUER

Trockensteinmauern gelten ökologisch als sehr wertvoll, denn sie speichern Wärme, die Spalten und Ritzen zwischen den Steinen bieten sich als idealer Lebensraum für Reptilien an. Das Errichten von Trockenmauern erfordert handwerkliches Geschick, viel Kraft und einen gesunden Rücken, denn die Steine sind sehr schwer. Sollen mehr als zwei oder drei Lagen Steine aufgesetzt werden, ist es aus Stabilitätsgründen erforderlich, dass die Mauer um 10 – 15° zum Hang geneigt aufgebaut wird.

Hochbeete aus Naturstein sind sehr dickwandig. Das schränkt die Anbaufläche merklich ein.

FREISTEHENDES HOCHBEET AUS NATURSTEIN

Hochbeete aus Naturstein fügen sich harmonisch ins Bild ein, wenn Sie Steine verwenden, die auch anderswo auf der Fläche eingesetzt werden. Die regionale Herkunft wirkt sich außerdem positiv auf die Transportkosten aus.

- Legen Sie zuerst in einem etwa 30 cm tiefen Graben ein Schotter-Fundament an. Nur bei sehr festem Untergrund kann man darauf verzichten. Für festen Stand wählen Sie für die erste Steinreihe, die etwa 5 cm tief im Boden liegt, besonders große und regelmäßig geformte Steine aus.
- Bei einem Beet bis zu einer Höhe von ungefähr 50–60 cm können Sie die nächsten Schichten lotrecht aufeinandersetzen. Achten Sie darauf, dass keine Kreuzfugen entstehen. Für höhere Beete müssen die Mauern nach innen geneigt aufgebaut werden, damit sie dem Erddruck standhalten.
- Leider ist an einem solchen Beet keine ergonomische Arbeitshaltung möglich, Hochbeete aus Naturstein werden besser mit pflegeextensiven Kulturen bepflanzt. Gut geeignet sind mehrjährige Kräuter wie Rosmarin, Thymian, Oregano und Lavendel, denen auch das warme Kleinklima in den Trockenmauern behagt.

In den Fugen einer trocken aufgeschichteten Mauer stellt sich schnell ein eigenes Kleinklima ein. Die Steine speichern Wärme, sodass sich Reptilien wie der Feuersalamander gern ansiedeln.

KÜCHENGARTEN IN BRUNNENRINGEN

Gleich neun Hochbeete hat Familie Schmidmaier im Garten aufgestellt. Vor einer mit Natursteinen und bunten Stauden und Sommerblumen angelegten Böschung haben schlichte Brunnenringe aus Beton ihren Platz gefunden. In diesem Garten sind es die Gegensätze, die die Gestaltung interessant machen.

GUTE LAGE ZUR KÜCHE

Der Garten grenzt an das Wohnhaus und die Terrasse. Seit jeher hatten hier Kräuter und Gemüse ihren Platz. Ideal, denn die Fläche ist von der Küche aus schnell erreichbar. Bedingt durch die leicht abschüssige Geländeform war es jedoch mühsam, den Garten zu bewirtschaften. Eine Umgestaltung wurde beschlossen. Klassische Grundbeete kamen nicht mehr infrage, Kräuter und Gemüse sollen künftig rückenschonend in Hochbeeten angebaut werden. Haltbar und pflegeleicht sollen die Beete sein – alles Kriterien, die für Beton als Baumaterial sprechen.

Von der Terrasse aus können die Schmidmaiers direkt auf ihre kreisrunden Hochbeete schauen.

AUFBAU MIT SCHWEREM GERÄT

Zunächst haben Schmidmaiers die Stellfläche für die Hochbeete eingeebnet. Es entstand ein runder Platz mit einer Böschung zum Haus und zur Terrasse. Auf der Ebene wurden mithilfe eines Traktors neun Betonringe, wie sie beispielsweise für den Brunnenbau verwendet werden, als Hochbeete aufgestellt. Die Ringe haben einen Durchmesser von 120 cm und sind etwa 90 cm hoch. Jeder Ring wiegt etwa eine Tonne. Die Hochbeete brauchen ausreichend Abstand, damit man sich bequem zwischen ihnen bewegen kann. Schmidmaiers haben den Boden zwischen den Beeten mit einer dicken Schicht Kies abgedeckt. Die Abdeckung unterdrückt den Unkrautbewuchs und sorgt dafür, dass die Beete jederzeit sauberen Fußes erreichbar sind.
Um die schlichte und kühle Wirkung der Betonfertigteile aufzulockern, wurde die angrenzende Böschung naturnah mit Stauden, Sommerblumen und Natursteinen gestaltet. Eine gelungene Kombination, die den Gemüsegarten mit seinen vielfältig bepflanzten Hochbeeten zu einem einladenden Platz macht.

BEIM NACHBAU ZU BEACHTEN

- Der Untergrund muss fest sein, aus gewachsenem bzw. befestigtem Boden bestehen.
- Zur recht günstigen Anschaffung für die Betonringe kommen außerdem die Kosten für den Maschineneinsatz beim Aufbau.
- Der Stellplatz muss fürs Aufstellen mit einem Bagger, Traktor oder Kran erreichbar sein.

Jedes der neun Hochbeete ist unterschiedlich bepflanzt. In einigen Beeten stehen Kräuter, in den anderen wachsen viele verschiedene Gemüsearten. So bietet der Hochbeetgarten eine große Vielfalt.

HOCHBEET XXL AUS BETONPLATTEN

Das größte Hochbeet, das in diesem Buch beschrieben ist, hat Familie Reichart gebaut. Das Beet ist ganze sieben Meter lang und hat eine Breite von zwei Metern, der gesamte Anbau von Gemüse und Kräutern erfolgt darin. Frau Reichart hat das Beet nach den Prinzipien der Mischkultur bepflanzt. Da Frau Reichart hochgewachsen ist, kann sie auch die Beetmitte vom Rand aus bepflanzen und pflegen. Sie würde zur besten Erreichbarkeit aber beim nächsten Mal die Breite auf höchstens 1,80 m beschränken.

BAUMATERIAL BETON

Familie Reichart hat sich ganz bewusst für Beton als Baumaterial entschieden. Die Stabilität, die lange Haltbarkeit und die geringen Materialkosten waren die ausschlaggebenden Entscheidungskriterien. Für Frau Reichart sprach anfangs die schlichte und kühle Ausstrahlung des Materials gegen die Verwendung von Beton. Doch mit ihrer Idee, das Hochbeet künstlerisch zu gestalten, waren die Bedenken schnell ausgeräumt.

BETONPLATTEN HERSTELLEN

Die Reicharts haben ihr Hochbeet aus einzelnen 5 cm starken Betonplatten zusammengebaut. Jede der 18 eingesetzten Platten hat Herr Reichart eigenhändig gegossen. Dafür hat er erst eine 100 × 120 cm große Schalung aus Holzlatten gebaut. Beim Gießen der Platten hat er als Bewehrung jeweils ein Stück Baustahlmatte passender Größe in den Beton eingearbeitet.

MOSAIKE AUS FLIESENRESTEN

Für die Gestaltung der Betonplatten waren Frau Reichart und die Töchter zuständig. Sie haben sich verschiedenfarbige Fliesenreste besorgt und diese vorsichtig mit einem Hammer zertrümmert. Die bunten Scherben haben sie dann zu kunstvollen Mosaiken zusammengelegt und in den frischen Beton gedrückt. Dabei ist es wichtig, die Fliesen möglichst bald mit einem Schwamm zu säubern, damit kein Betonschleier antrocknet. Nach und nach sind so 18 kleine Kunstwerke entstanden.

DAS BEET AUFBAUEN

Bevor die Platten aufgerichtet und zu einem Hochbeet zusammengebaut wurden, hat Herr Reichart einen spatenbreiten Graben ausgehoben, in den die Platten mit ihrer schmalen Seite etwa 35 cm tief versenkt wurden. Der Graben wurde anschließend mit Erde verfüllt und befestigt. Bei lockerem, vielleicht sogar frisch aufgebrachtem Boden ist es empfehlenswert, den Graben mit den Betonplatten zur Hälfte mit Fertigbeton zu füllen. Zur weiteren Stabilisierung der Betonplatten und als Beetabschlusskante wurde eine noch vorhandene C-förmige Metallschiene auf der Hochbeetoberseite befestigt. Familie Reichart hat ihr Hochbeet mit Gehwegplatten eingefasst. So ist es zum einen jederzeit möglich, das Beet mit trockenen und sauber bleibenden Schuhen zu umrunden. Zum anderen dienen die Platten als Rasenkante, die das Mähen deutlich erleichtert.

Dieses 2 × 7 Meter große Hochbeet ist aus 18 Betonplatten zusammengesetzt, die einzeln gegossen und mit Mosaiken aus Fliesenresten verziert wurden. In diesem Beet findet ein ganzer Kräuter- und Gemüsegarten Platz.

BETON IN HOLZOPTIK

Betonfertigteile in Holzoptik sind das bevorzugte Material dieser Hochbeete eines österreichischen Herstellers. Das in den 1970er-Jahren gegründete Unternehmen hat sich ursprünglich mit Betonfertigteilen für den Stallbau einen Namen gemacht. Später wurde der Bereich »Garten« unter anderem mit der Herstellung von Hochbeeten etabliert.

VORTEILE VON BETON

Beton kann im Hochbeetbereich durchaus mit Vorzügen punkten. Der Baustoff ist sehr langlebig und witterungsstabil. Zudem hat Beton eine sehr gute Wärmespeicherfähigkeit: Er nimmt die Wärme des Sonnenlichts tagsüber langsam auf und gibt sie genauso langsam nachts wieder ab. Das kommt der Bepflanzung, vor allem in den Übergangszeiten vom Winter zum Frühling und vom Herbst zum Winter, zugute. Für die Hochbeete liefert der Hersteller die Fertigteile in einer ansprechenden Holzoptik. Sie sind in den Farben Grau und Braun erhältlich. Durch diese Naturtöne bekommt der Baustoff eine warme Ausstrahlung – ganz anders als die von kalten und glatten Betonwänden.

Knapp zehn Quadratmeter beträgt die Anbaufläche in diesem kreuzförmig aufgebauten Hochbeet.

VIELFALT IN FORM UND GRÖSSE

Die als Bausatz lieferbaren Hochbeete werden in Höhen von 60 und 90 cm angeboten. Die Standardbeetbreite beträgt 130 cm. Möchten Sie Ihr Hochbeet an einer Wand aufstellen, wird auch eine Breite von 80 cm gefertigt.
Die Betonhochbeete lassen sich in vielen Formen und Größen im Garten aufbauen. Das kleinste Beet hat eine Rechteckform mit einer Fläche von ca. 4 m^2. Weiterhin ist ein größeres Rechteck, eine U-form, eine L-Form, ein T-förmiges und ein kreuzförmiges Beet lieferbar. Das größte Beet hat eine Anbaufläche von 10 m^2.

AUFBAU DER BEETE

Auf gewachsenem Boden kann das Beet ohne Fundament aufgestellt werden, auf aufgeschüttetem Untergrund ist eine Befestigung aus Schotter unter den Beetwänden ratsam.
Die Betonfertigteile werden mithilfe von Metallwinkeln miteinander verschraubt. Um lange Seitenwände zu stabilisieren, werden zusätzlich Metallverstrebungen eingebaut. Der Hersteller liefert eine genaue Aufbauanleitung. Er wirbt damit, dass man für den Aufbau des kleinen Beetes lediglich zwei Stunden benötigt.

Optional sind für die Hochbeete auch Schneckenkanten aus umgebogenen Metallkanten lieferbar, die die lästigen Schleimer nicht überwinden. Außerdem sind ein Folientunnel und ein Frühbeetaufsatz im Programm.

GEFERTIGT AUS CORTEN- UND EDELSTAHL

Hochbeete aus dem modernen Werkstoff werden in öffentlichen und auch in privaten Gärten gern als Gestaltungselement eingesetzt.

CORTEN- ODER EDELSTAHL?

Der rostfarbene Cortenstahl fügt sich harmonisch in eine natürlich gestaltete Umgebung ein, passt aber auch zu moderner Architektur und in formale Gärten. Cortenstahl bildet auf der Oberfläche eine Rostschicht aus. Diese Schicht ist erwünscht, denn sie bildet eine Sperrschicht und schützt das Material vor weiterer Durchrostung. Cortenstahl ist daher sehr witterungsbeständig und langlebig.
Die glatte, silberfarbene Oberfläche von Edelstahl wirkt dagegen eher kühl und passt besser in moderne Gärten als in Naturgärten. Edelstahl kann farblich gestaltet werden. Die Beete dieses Herstellers werden in acht Standardfarben angeboten, können aber auch in jedem anderen RAL-Ton geliefert werden. Edelstahl rostet nicht und hat ebenfalls eine sehr lange Lebensdauer.

Diese Corten-Hochbeete werden fertig montiert und inclusive der Isolierplatten geliefert.

STAHLBEETE BRAUCHEN EINE ISOLIERUNG

Stahlbeete weisen eine sehr hohe Stabilität auf. Im Vergleich zu Hochbeeten aus Stein oder Holz können die Wände daher sehr dünn sein, wenige Millimeter würden ausreichen. Da das Metall aber ein sehr guter Wärmeleiter ist, müssen die Wände unbedingt isoliert werden, denn nur dann sind die Pflanzenwurzeln im Winter vor Frost und im Sommer vor allzu großer Hitze geschützt. Die oberen Ränder dieser Hochbeete sind daher u-förmig umgebogen und nehmen eine 3 cm dicke Isolierplatte auf.

FERTIG MONTIERT ODER ALS BAUSATZ LIEFERBAR

Sie haben die Möglichkeit, sich die Hochbeete in verschiedenen Standardgrößen komplett montiert liefern zu lassen. Die Bauteile sind bei dieser Variante miteinander verschweißt. Attraktiv sind aber auch die angebotenen Bausätze. Mit einem Bausatz lässt sich ein Beet in beliebiger Größe zusammensetzen, bei dem auch Jahre später noch die Möglichkeit besteht, es umzubauen oder zu erweitern. Bei den Bausätzen werden Einzelteile geliefert, die miteinander verschraubt werden. Sie brauchen lediglich einen Inbus- und einen Gabelschlüssel sowie einen Zollstock und eine Wasserwaage.

Die Corten-Hochbeete dieses Herstellers zeichnen sich durch ihre Geradlinigkeit aus. Schlicht und ohne Schnörkel wirken sie sowohl in Naturgärten als auch in einer formal gestalteten Umgebung.

UNVERWÜSTLICHES ALUMINIUM

Robust und verwitterungsstabil sind diese Hochbeete eines Herstellers, dessen Kerngeschäft eigentlich Gewächshäuser sind.

MATERIAL

Wie auch bei seinen Gewächshäusern setzt der Hersteller bei der Konstruktion der Hochbeete auf Aluminium als Baumaterial. Aluminium ist ein Leichtmetall und an der Luft und im Wasser äußerst korrosionsfest. Für den Rahmen der Hochbeete werden Aluminiumprofile verwendet. Bei den Wänden haben Sie die Wahl zwischen Aluminiumpaneelen oder sogenannten Sandwichplatten. Diese Platten heißen ganz korrekt Hochdruckschichtpressstoffplatten, kurz: HPL-Platten (für High Pressure Laminate). Dabei handelt es sich um ein schichtartig zusammengesetztes Material, das vor allem aus Zellulose und Kunstharzen besteht. Der Innenkern der Platten besteht aus Polystyrol-Hartschaum. Die Sandwichplatten sind in Grün, Anthrazit oder in Holzoptik erhältlich. Die Aluminiumprofile und auch die Alupaneele sind standardmäßig unbeschichtet. Gegen Aufpreis sind sie pulverbeschichtet in allen RAL-Farben erhältlich.

HOCHBEETGRÖSSEN

Die Aluminiumhochbeete sind in verschiedenen Größen erhältlich. Der Hersteller bietet zwei Beetbreiten an. Die schmale Variante ist 83 cm breit, das größere Beet 150 cm. Wählen Sie auf jeden Fall ein schmales Beet, wenn es so aufgestellt wird, dass es nur von einer Seite erreichbar ist. Das kann beispielsweise vor einer Hauswand oder am Rand einer Terrasse der Fall sein. Das breite Beet sollte unbedingt von beiden Seiten zugänglich sein.
Sowohl das schmale als auch das breite Hochbeet sind in Längen zwischen ein und fünf Metern erhältlich. Alle Beete haben eine Höhe von 80 cm.

VIEL ZUBEHÖR LIEFERBAR

Passend zu fast allen Hochbeetgrößen bietet der Hersteller Frühbeetaufsätze an. Die Aufsätze bestehen aus Aluminiumprofilen und sind wie ein Gewächshaus mit Stegdreifachplatten verglast. Sie können mit temperaturabhängigen, automatischen Öffnern ausgestattet werden.
Als weiteres Zubehör bekommen Sie einen Schneckenzaun aus umgebogenen Aluminiumprofilen. Der Schneckenzaun kann in beliebiger Höhe am Beet angebracht werden.
Für Rankpflanzen wie Gurken ist eine Rankhilfe ähnlich dem Gurkenträger auf Seite 93 im Angebot. Außerdem ist eine Vorrichtung für eine unterirdisch verlegbare Tröpfchenbewässerung erhältlich, ein System, das besonders effektiv und wassersparend ist.
Als Highlight können Sie bei diesem Hersteller auch ein Hochbeet-Gewächshaus bekommen. Dabei handelt es sich um eine Gewächshausserie, die umlaufend mit eingebauten Hochbeeten ausgestattet ist. Die Gewächshäuser mit den Hochbeeten sind 2,08 m breit und in verschiedenen Längen von 1,96 bis 6,29 m erhältlich.

Dieses Aluminiumhochbeet besteht aus alufarbenen Profilen, kombiniert mit grünen Sandwichplatten. Das Material ist leicht und trotzdem unverwüstlich. Alternativ sind auch Aluminiumpaneele als Hochbeetwand erhältlich.

ORIGINELLES WELLBLECH

Eine lange Lebensdauer und einfacher Aufbau spricht für diese Hochbeete aus Zinkalume. Bei dem Werkstoff handelt es sich um ein mit Zink und Aluminium beschichtetes Stahlblech, das durch spezielle Beschichtung resistent gegen Umwelt- und Witterungseinflüsse ist.
In einer naturnah gestalteten Umgebung sorgen die Wellblechbeete für einen interessanten Kontrast, in einem modernen und formalen Garten fügen sie sich nahtlos in die Umgebung ein.

VIELSEITIGE MÖGLICHKEITEN

Die Beete sind in 40, 63 und 86 cm Höhe erhältlich. Das flache und das mittlere Beet sind in der Farbe »Blanc«, ein helles Grau, das hohe Beet zudem auch in Grafit und Rubinrot lieferbar.

Das mit Kräutern und Mangold bepflanzte flache Beet eignet sich auch gut für Tomatenpflanzen.

Die rechts abgebildeten Basisbeete können mit geraden und kurvigen Erweiterungen individuell ausgebaut werden. Trotz der dünnen Wände sind die Hochbeete sehr stabil und weisen eine hohe Steifigkeit auf. Die Stabilität erhält das Material durch seine Wellenform.
Der Aufbau der Module erfolgt mit einer mitgelieferten Nietzange. Die Bauteile sind an den entsprechenden Stellen vorgebohrt, das Nieten erfordert allerdings erheblich Kraft in den Händen. Die Basisbeete sind leicht und können zu zweit problemlos getragen werden. Damit bleiben Sie flexibel und haben die Möglichkeit, nach dem Aufbau einen geeigneten Platz zu suchen. Sie können so die optische Wirkung an verschiedenen Standorten prüfen und noch einmal verändern. Wollen Sie mehrere Beete aufstellen, können Sie die wirkungsvollste Anordnung und den erforderlichen Abstand der Beete ebenfalls austesten. Steht der Standort fest, ebnen Sie den Untergrund ein und füllen das Beet. Weitere Informationen hierzu finden Sie auf den Seiten 88 – 91.

DER »KLEINE BRUDER«

Die kleinen, flachen Beete haben einen Durchmesser von etwa 80 cm und sind nur 40 cm hoch. Sie eignen sich gut für Tomaten, die für ein Hochbeet zu groß sind. Füllen Sie das Beet mit kompostreicher Gartenerde. Ist die Erde gesackt, können Sie die Ringe im Laufe des Sommers ständig mit klein geschnittenen, organischen Gartenabfällen nachfüllen: idealer Nährstoffnachschub für die Tomaten!

Die Wellblechhochbeete bilden einen schönen Kontrast zu den grünen Gemüsepflanzen im Hochbeet und im Garten. Aufgrund der dünnen und dennoch stabilen Beetwände wird die Pflanzfläche optimal genutzt.

GETREIDESILO WIRD HOCHBEET

Diese vier ansprechenden Zink-Hochbeete lassen sich leider nicht nachbauen. Sie stammen aus einer alten Mühle, die auf dem Grundstück von Familie Schweiger stand. Die Mühle musste vor einigen Jahren dem Neubau eines Wohnhauses weichen. Die Getreidesilos, die etwa aus dem Jahr 1940 stammen, konnten vor dem Abriss gerettet werden. Familie Schweiger hat sie auseinandergeschraubt, sodass vier Hochbeete mit einem Durchmesser von 1,20 m entstanden. Die beiden runden Hochbeete stehen im Garten von Herrn und Frau Schweiger. Sie haben ihren endgültigen Stellplatz noch nicht gefunden, da wegen des Neubaus der Garten noch nicht wieder angelegt und gestaltet werden konnte. Frau Schweiger freut sich aber, dass sie in der Zwischenzeit in den Hochbeeten schon wieder Gemüse anbauen kann.

ZWEI BEETE FÜR DIE TOCHTER

Die beiden konischen Teile der Getreidesilos stehen im Garten der Tochter. Hans und Melanie Wiesheu haben eines der Beete mit Kräutern, wie Rosmarin, Basilikum, Schnittlauch und Petersilie, bepflanzt. Im zweiten Beet werden unterschiedliche Gemüsearten kultiviert – zur Zeit wachsen vor allem Kohlrabi, Möhren, Salatrauke, Pflücksalat und Erdbeeren darin.

Wie zwei überdimensionierte Blumentöpfe sehen diese Hochbeete aus. Mit Erdbeeren und Gemüse, das direkt aus dem Beet genascht werden kann, sind sie auch für die beiden Kinder der Familie Wiesheu interessant.

Nachbauen lassen sich die Zink-Hochbeete aus den Silos einer alten Getreidemühle nicht. Aber vielleicht dienen sie Ihnen als Inspiration, ob Sie nicht etwas Vergleichbares einem neuen Zweck zuführen können.

RECYCELTER KUNSTSTOFF

Zu 100 Prozent aus Recyclingkunststoff sind die sogenannten Gartenbausteine gefertigt, aus denen diese Hochbeete bestehen. Der Kunststoff wird aus gebrauchten Flaschenverschlüssen und Getränkekisten hergestellt. Die Bausteine sind in den Farben Basaltgrau und Terracotta erhältlich. Trotz seiner eher zweckmäßigen Wirkung hat das Kunststoffbeet Vorteile:

- Durch einfaches Zusammenstecken lässt sich das Hochbeet leicht und schnell aufbauen.
- Das Baumaterial gilt als unverrottbar, sodass die Beete eine lange Lebensdauer haben.
- Die Bausteine sind doppelwandig geformt, wodurch eine gute Isolierung erreicht wird.
- Es ist viel passendes Zubehör erhältlich.
- Vergleicht man die Hochbeete aus dem Recyclingkunststoff preislich mit anderen Modellen, sind sie im unteren Bereich des mittleren Preissegments einzuordnen.

GRÖSSE UND AUFBAU

Wer sich für ein solches Kunststoffhochbeet entscheidet, erwirbt als Grundlage ein Basisset, aus dem ein 52 cm hohes Beet mit einer Fläche von 130 × 60 cm aufgebaut werden kann. Die einzelnen Gartenbausteine werden dabei mit Steckverbindern zusammengefügt, es ist kein Werkzeug für den Aufbau erforderlich.
Mithilfe von Erweiterungssets kann das Hochbeet in der Höhe, in der Breite und/oder in der Länge erweitert werden. Den Erweiterungen liegen Stabilisierungssets bei, die an den Innenseiten des Hochbeetes befestigt werden, um eine Versteifung herbeizuführen.

Da das Kunststoffhochbeet leicht und das Material verrottungsfest ist, muss die Standfläche vor dem Aufbau lediglich eingeebnet werden. Ein Fundament ist nicht erforderlich.

DAS HOCHBEET FÜLLEN

Aufgrund der leichten Bauweise empfiehlt der Hersteller, die Beete nicht mit großen und schweren Ästen zu füllen. Das verholzte Material sollte vor der Verwendung besser geschreddert werden. Füllen Sie das Beet am besten Schicht für Schicht und beginnen Sie dabei stets in den Ecken. Sie können dabei nach der auf den Seiten 88/89 beschriebenen klassischen Füllweise vorgehen und dabei das grobe Schnittgut gegen Holzhäcksel austauschen.

ZUBEHÖR

Für das Hochbeet gibt es eine große Auswahl an sinnvollem Zubehör. So bietet der Hersteller eine aufsteckbare Schneckenbarriere sowie Tropfschläuche für eine wassersparende Bewässerung, wobei ein Gartenbaustein mit einem Anschluss für einen Schlauch außen am Beet versehen wird. Zudem gibt es Rundbögen aus Aluminium, die mit einer Frühbeetfolie oder einem Kulturschutznetz überzogen werden können. Ein fester Frühbeetaufsatz aus einem Rahmen mit Stegdoppelplatten ist ebenfalls im Angebot. Wie beim Aufbau des Hochbeetes sind auch die Zubehörelemente ganz einfach und ohne weiteres Werkzeug einsetzbar.

Die Gartenbausteine, aus denen die Hochbeete aufgebaut werden, sind auch in Basaltgrau erhältlich. Sie lassen sich zu Hochbeeten in verschiedenen Höhen und Grundflächen zusammenfügen.

BÄCKERKISTE MACHT MOBIL

Seit etwa zehn Jahren entstehen in vielen großen Städten Deutschlands Gemeinschaftsgärten, in denen Menschen zusammen Kräuter und Gemüse anbauen. Einer der ersten Gärten dieser Art war der Prinzessinnengarten im Berliner Stadtteil Kreuzberg. Die Gründer des Gartens, Robert Shaw und Marco Clausen, haben sich dieses mobile Hochbeetsystem aus Bäckerkisten, die auf Europaletten stehen, erdacht. Die lebensmittelechten Kisten, die im Fachjargon »Eurokisten durchbrochen« heißen, werden mit Erde gefüllt und bepflanzt.

VORTEILE MOBILER BEETE

Durch den Europalettenunterbau können die Kistenhochbeete mit einem Hubwagen transportiert werden. Hintergrund dieser Überlegungen war, dass für das Gartengelände nur kurzfristige Pachtverträge ausgestellt wurden. Muss der Garten verlegt werden, können die Beete einfach mitgenommen werden. Durch den Palettenunterbau ergibt sich ein weiterer Vorteil: Das Beet kann unabhängig vom Boden aufgebaut werden. So können auch befestigte Hinterhöfe oder schadstoffbelastete Flächen für den Anbau von Kräutern und Gemüse genutzt werden.

Salat und Kohlrabi kann man schon im zeitigen Frühjahr pflanzen. Ausgesät werden dazu Radieschen.

MATERIAL UND AUFBAU

Die kleinste Einheit für ein Kistenhochbeet entspricht der Größe einer Europalette, die Maße von 80 × 120 cm aufweist. Man kann beliebig viele Paletten nebeneinander aufstellen. Pro Palette werden acht Bäckerkisten mit einer Grundfläche von 40 × 60 cm benötigt. Jeweils zwei Kisten stellt man übereinander. Die Kisten gibt es in verschiedenen Höhen, sodass Sie eine Höhe, die Ihnen behagt, bestimmen können.

- Kleiden Sie die Seitenwände aller und den Boden der unteren Kisten mit einem festen Vlies aus. Der Boden der oberen Kiste bleibt frei.
- Steht das Beet auf einer befestigten Fläche, legen Sie ein dickes Teichvlies auf die Paletten. Es filtert die dunklen Huminstoffe, die mit überschüssigem Wasser aus den Kisten tropfen, heraus, sodass keine Flecken entstehen.
- Füllen Sie alle Kisten mit Substrat. So haben die Pflanzen die Möglichkeit, ihre Wurzeln bis in die unteren Kisten auszubreiten. Um Kosten zu sparen, können Sie die unteren Kisten je zur Hälfte mit gehäckseltem Holz und halb fertigem Kompost füllen. Dieses Material wird oftmals kostenlos in Grünschnittabgabestellen zur Verfügung gestellt. Die obere Kiste füllen Sie mit einer torffreien Universalerde.

Von den lebensmittelechten Bäckerkisten lassen sich genau vier Stück auf die Fläche einer Europalette stellen. Für ein Hochbeet werden jeweils zwei oder drei Kisten übereinandergestapelt.

KLASSIKER EUROPALETTE

Um interessierten Besuchern der Landesgartenschau 2017 in Bad Lippspringe das Thema »Urban Gardening« näher zu bringen, ist in einem Hinterhof der Stadt ein kleiner Gemeinschaftsgarten aufgebaut worden. Der Verein »Umweltbildungs-Initiative-Ostwestfalen-Lippe« zeigt, wie auf kleinem Raum mit einfachen Mitteln und wenig Ressourcen Obst und Gemüse angebaut werden kann. Teil dieses Stadtgartens sind zwei Hochbeete aus Europaletten. Ludger Creuzmann vom Verein »UBI-OWL« hat sie entworfen und aufgebaut. Bemalt wurden die Beete von Kindern, für die der Verein während der Landesgartenschau »grüne« Beschäftigungsangebote organisiert hat.

UNKOMPLIZIERTER AUFBAU

Für das Hochbeet werden sechs Europaletten benötigt, je zwei für die Längsseiten und eine für jede schmale Seite.

Eine bunte Mischung aus Kohl, Zwiebeln und Tagetes wächst im Hochbeet in dem begrünten Hinterhof.

- Stellen Sie für die langen Beetseiten je zwei Paletten hochkant auf die lange Seite. Verbinden Sie die Paletten an der Unterseite mit Brettern, Flacheisen oder Ähnlichem.
- Stellen Sie die Wände parallel zueinander auf, sodass die Oberseiten der Paletten nach außen zeigen. Setzen Sie nun jeweils eine Palette hochkant an die Stirnseiten und befestigen Sie sie mit je drei Metallwinkeln an jeder Ecke.
- Dichten Sie die Innenwände des Kastens ab, damit das Füllmaterial nicht herausrieselt. Sie können beispielsweise Teichfolie verwenden.
- Um die Paletten von oben abzudichten, befestigen Sie eine Umrandung aus Leimholz.
- Europaletten haben eine Normgröße von 80 x 120 cm und sind knapp 15 cm hoch. Daraus ergibt sich bei der beschriebenen Bauweise des Hochbeetes ein Außenmaß von 120 x 270 cm. Das Beet hat eine Höhe von 80 cm plus der Brettstärke der Umrandung.

EXKURS EUROPALETTE

Für den Nachbau des Beetes empfiehlt es sich, unbedingt Europaletten zu verwenden. Im Vergleich zu Einwegpaletten sind diese sehr viel stabiler und damit länger haltbar. Sie erkennen Europaletten an der Bauweise: Sie bestehen immer aus neun Holzklötzen, elf Brettern sowie 78 Nägeln, die in Spezialbetrieben zu einer Palette mit den Maßen von 80 x 120 x 14,4 cm zusammengebaut werden. Die nach außen zeigenden Klötze zeigen das EPAL-Brandzeichen. Die Buchstaben HT stehen für »Heat Treated« (= hitzebehandelt gegen Holzschädlinge).

Aus Europaletten kann in kurzer Zeit ein Hochbeet aufgebaut werden. Es ist zwar nicht für die Ewigkeit gemacht, erfüllt aber sicherlich drei bis vier Jahre seinen Zweck.

HOLZRAHMEN FÜR EUROPALETTEN

Europaletten können beim Bau von Hochbeeten vielseitig eingesetzt werden. Auch diese einfachen Hochbeete sind auf der Grundlage dieser Transportpaletten errichtet worden.

KRÄUTERBEET AUS FALTRAHMEN

Mit wenigen Handgriffen lassen sich vormontierte Aufsatzrahmen für Europaletten zu einer Kiste zusammenstecken. Sie bekommen die Aufsätze in einigen Baumärkten, über das Internet oder auch in Werken, die Europaletten herstellen.
Für ein Hochbeet lassen sich beliebig viele der 20 cm hohen Holzrahmen übereinanderstecken. Dichten Sie den Boden des Beetes mit einem wasserdurchlässigen Unkrautvlies ab, das Sie an den Seiten mithilfe eines Handtackers befestigen. In dem Kräuterbeet unten sind zwei Aufsatzrahmen verbaut. Zusammen mit der Palette ergibt sich somit eine Beetgröße von ungefähr 80 × 120 × 55 cm. Um unterschiedlichen Substratansprüchen von Kräutern gerecht zu werden, kann man das Beet in zwei Bereiche unterteilen. Dafür gibt es Längs- oder Querteiler, die einfach mit Metallhaken eingehängt werden.

VARIANTE MIT STARREN AUFSATZRAHMEN

Alternativ zu der faltbaren Variante gibt es für Europaletten auch starre Holzrahmen, die mit ihren rostroten Metallecken und den Griffen im oberen Rand hochwertiger wirken. In Österreich und in der Schweiz sind diese 40 cm hohen Rahmen Standard, in Deutschland sind sie nicht so leicht zu bekommen. Eine Bezugsquelle finden Sie auf Seite 106/107.
Setzen Sie die starren Rahmen ein, kann das Beet auch ohne Paletten auf dem Gartenboden oder dem Rasen stehen. Stellen Sie es zum Schutz vor Nässe auf eine Reihe Ziegelsteine, die Sie etwas in den Boden einlassen.

Mit Quer- oder Längsteilern kann das Hochbeet in zwei Bereiche für verschiedene Substrate unterteilt werden.

Hinten gedeihen mediterrane Kräuter in magerem Substrat, vorn Kräuter mit höherem Nährstoffbedarf.

Aus zwei aufeinandergesetzten starren Aufbaurahmen für eine Europalette lässt sich in kürzester Zeit ein Hochbeet bauen. Für eine längere Haltbarkeit schützen Sie die Holzwände innen mit einer Noppenfolie.

HOCHBEET FÜR KINDER

Kinder sind in der Regel hoch motiviert, wenn sie ein eigenes Beet bekommen, das sie eigenverantwortlich bepflanzen dürfen. Ein kleines Hochbeet, auf dessen Rand sie in Ruhe sitzen können, um Insekten, Pflanzen oder Regenwürmer zu betrachten, ist dabei besonders attraktiv. Ein Kinderhochbeet ist aus einem Kellerregal schnell zusammengebaut. Zusätzlich zu dem Regal benötigen Sie ein paar Holzreste, um die Lücken der Regalböden zu verschließen. Bei uns kam ein ausgedienter Lattenrost zum Einsatz.

ZUSCHNEIDEN UND STREICHEN

Bevor das kleine Hochbeet zusammengebaut werden kann, sind ein paar Vorarbeiten nötig:

• Zuerst messen Sie die Regalböden aus und sägen passende Holzstreifen zum Abdichten der Lücken zu.

• Für den oberen Rand des Hochbeetes verwenden Sie die Holme des Kellerregals. Am schönsten sieht es aus, wenn Sie die Ecken mit einer Gehrungssäge im 45°-Winkel zusägen.

• Streichen Sie alle Holzteile ein- oder bei Bedarf zweimal mit einer umweltfreundlichen Holzfarbe. Lassen Sie die Bretter einige Stunden, am besten über Nacht, trocknen.

Binden Sie die Kinder schon beim Bau mit ein, um deren Verantwortung für das Beet zu fördern.

ZUSAMMENBAUEN UND FÜLLEN

• Befestigen Sie zuerst die Holzstreifen oder -bretter an den Unterseiten der Regalböden, um die Lücken zu schließen. Danach setzen Sie die Böden rechtwinklig zu einem Kasten zusammen. Schrauben Sie die Seitenwände mit drei bis vier Holzschrauben an jeder Ecke aneinander.

• Zum Schluss richten Sie die Bretter für die Umrandung oben auf dem Beetkasten aus und schrauben sie an den Ecken an.

• Befestigen Sie jedes der vier Bretter zusätzlich mit zwei Metallwinkeln, damit der Rand so stabil ist, dass die Kinder darauf sitzen können.

• Füllen Sie das Hochbeet zur Hälfte mit Astschnitt und halb fertigem Kompost. Darauf geben Sie eine Mischung aus Gartenerde und gekaufter Universalerde.

BEPFLANZEN

Lassen Sie den kleinen Gärtnerinnen und Gärtnern bei der Bepflanzung möglichst viel Freiheit. Wenn möglich, lenken Sie die Aufmerksamkeit auf schnell und unkompliziert wachsende Pflanzen, die den Kindern einen Erfolg bescheren, und sie motivieren dabeizubleiben.

Mit Kräutern und Gemüse, die die Kinder selber ausgewählt haben und direkt vom Beet naschen können, lassen sich selbst kleine Gemüseverweigerer zum Kosten überreden.

HOCHBEETE FÜR BALKON UND TERRASSE

Auch vor Menschen, die keinen Garten haben, macht die Lust auf frische Kräuter und Gemüse keinen Halt. Muss auch nicht, denn für den Balkon und die Terrasse gibt es ebenfalls schmucke Hochbeete.

BRITISCHER VEG-TRUG

Bei den als »Veg-Trug« bezeichneten Beeten eines britischen Unternehmens handelt es sich um eine ganze Hochbeetfamilie. Allen gemeinsam ist der trogförmige Bau des Pflanzkastens, der eine ergonomische Körperhaltung am Beet ermöglicht. Die konisch geformten Wände machen das Hochbeet unterfahrbar, sodass auch Rollstuhlfahrer bequem daran arbeiten können. Veg-Trugs werden als Bausatz geliefert und lassen sich schnell zusammensetzen.

VERSCHIEDENE MATERIALIEN

Der Standard Veg-Trug ist aus FSC-zertifiziertem Nadelholz gebaut. Der Innenraum wird durch eine für jede Größe passend zugeschnittene und genähte Vlies-Tasche vor direktem Erdkontakt geschützt. Daneben wird auch thermisch behandeltes Kiefernholz verwendet, das eine deutlich längere Haltbarkeit hat. Diese Thermoholzbeete sind eine Neuentwicklung und zur Zeit nur direkt über den britischen Hersteller lieferbar. Der mittelgroße Veg-Trug wird auch aus silberfarbenem oder schwarz pulverbeschichtetem Aluminium gebaut. Diese Variante ist absolut witterungsbeständig.
Abgerundet wird das Angebot durch ein sehr kleines Balkonbeet, das aus einem pulverbeschichteten Metallgestell und einer Pflanztasche aus Vliesstoffen in verschiedenen Farben besteht. Die Pflanztasche kann ausgewechselt werden. Das Beet lässt sich im Winter zusammengeklappt platzsparend verstauen.

Veg-Trug »Poppy« kann man für den Balkon auch als »Doppelstöcker« erwerben.

VERSCHIEDENE GRÖSSEN UND ZUBEHÖR

Veg-Trugs werden in drei Größen angeboten. Alle drei sind 80 cm hoch und 76 cm breit. Das kleinste Beet »Mini« hat eine Länge von 75 cm, »Small« ist 103 cm lang, und das größte Beet »Medium« misst 183 cm in der Länge. Das mittlere und das große Beet werden zudem mit einer geraden Seite angeboten. Diese Veg-Trugs sind dann nur noch 46 cm breit und können an einer Wand stehen. Als Zubehör kann man einen seitlich einhakbaren Pflanztisch kaufen. Außerdem sind ein Rankgitter sowie Tunnelbögen erhältlich, die Sie je nach Bedarf mit Vlies, Folie oder Kulturschutznetz überziehen können.

Der Pflanzraum dieses Hochbeetes ist mit einem Vlies vor Erdkontakt geschützt. Das Vlies wird passend für alle Hochbeetgrößen angeboten und kann nachgekauft werden.

HOCHWERTIGES TEAK

Vor etwa 40 Jahren führte der Anbieter dieses Terrassenhochbeetes die erste hochwertige Teakmöbelkollektion aus Großbritannien in Deutschland ein. Stil und Qualität kennzeichnen auch heute die eigenen Kollektionen. Neben Teakholz werden auch Aluminium, Edelstahl und ein wetterfestes Kunststoffgeflecht verbaut. Für das Terrassenhochbeet kommen Teakholz und Aluminium zum Einsatz.

PFLANZKASTEN AUS ALUMINIUM

Das Hochbeet hat eine Gesamthöhe von 87 cm, wobei der Pflanzkasten bei einer Länge von 115,5 cm und einer Tiefe von 52 cm etwa 30 cm hoch ist. Gestell und Pflanzkasten bestehen aus schwarzem pulverbeschichtetem Aluminium, ein leichtes und dennoch vollkommen witterungsstabiles Material. Der Kasten ist mit einem Abfluss versehen, der durch ein Sieb vor Verstopfung geschützt ist. Das Pflanzgefäß und der darunter liegende Regalboden sind mit massiven Teakholzleisten verkleidet. Der Hersteller garantiert die ausschließliche Verwendung von FSC-zertifiziertem Plantagen-Teakholz.
Das Holz kommt an keiner Stelle mit der Erdfüllung in Kontakt, sodass die bekannte Langlebigkeit des Teakholzes auch bei der Verwendung für das Hochbeet voll zum Tragen kommt.
Für das Hochbeet wird kein Zubehör angeboten. Im selben Design sind aber weitere Pflanzkübel, ein Regal und eine Anrichte erhältlich.

Der Auslauf wird an das Gestell angeschlossen. Überschüssiges Wasser wird so nach unten abgeleitet.

FÜLLUNG UND BEPFLANZUNG

- Befüllen Sie den Pflanzkasten zunächst mit etwa 30 l Blähton, der als Drainageschicht dient. Damit keine Erde zwischen die Tonkugeln gespült wird, die das Sieb des Abflusses verstopfen könnte, decken Sie den Blähton mit einem wasserdurchlässigen Vlies ab.
- Füllen Sie das Pflanzgefäß mit einer torffreien Universalerde oder, bei entsprechender Bepflanzung, mit Kräutererde auf. Sie brauchen etwa 80 bis 100 Liter. Als Beetbepflanzung eignen sich besonders Kräuter, die Sie gern griffbereit in Küchennähe haben.

Auch für rasch wachsende Salate wie Rucola und Schnittsalat ist das Beet empfehlenswert. Aufgrund der geringen Tiefe und des luftundurchlässigen Materials ist es für Wurzelgemüse wie Möhren und Rettiche nicht geeignet.

Hochwertige und witterungsstabile Materialien wie Teakholz und pulverbeschichtetes Aluminium unterstreichen die schlichte Eleganz des Terrassenhochbeetes. Balkontomaten und Chilis bringen Farbe in die Bepflanzung.

DÄNISCHE SACHLICHKEIT

Hochbeete und Pflanzkästen für Balkon und Terrasse sind von diesem dänischen Hersteller zu haben. Klare Linien und Farben, die Assoziationen mit dem Meer aufkommen lassen, zeichnen das Design aus.

MIT ROLLEN ODER BEINEN

Die Balkonpflanzkästen des Herstellers sind einfach und praktisch konstruiert. Sie stehen auf Beinen oder sind mit Rollen ausgestattet. Die Beete auf Rollen sind mit quadratischem und rechteckigem Grundriss jeweils in zwei verschiedenen Höhen zu bekommen. Neben der dunkelblauen Variante gibt es auch schwarz lackierte Pflanzkästen. Die Kästen bestehen aus Kiefern- und Fichtenholz. Sie werden innen mit einer Folie oder einem Fibertextuch ausgelegt. Eine Variante der Rollkästen ist mit sichtbaren Stahlecken gebaut. Für diese Stahlkantenbeete gibt es integrierbare Sitzbänke.

AUSGEKLÜGELTES SYSTEM

Die dänischen Hochbeete sind sehr vielseitig und flexibel aufbaubar. Sie haben allerdings keinen Boden. Der Innenraum kann mit einem passenden Fiebertextuch ausgekleidet werden. Auf empfindlichen Terrassenbelägen sind sie wegen Tropfwassers nicht zu empfehlen, auf Rasen oder als Terrassenabgrenzung sind sie sehr gut einsetzbar. Die runden Eckpfosten bestehen aus verzinktem Stahl, die Beplankung aus chromfrei druckimprägniertem oder farblich gestaltetem Kiefernholz bzw. aus WPC-Platten. Dieser neue Werkstoff beruht auf einer Holzfaser-Kunststoff-Verbindung und ist äußerst verwitterungsstabil. Als Zubehör sind Rankgitter und einhakbare Bänke lieferbar, mit denen schnell eine Sitzbank zwischen zwei Hochbeeten gebaut ist. Eck- und Mittelpfosten sowie Holz für die Beplankung können einzeln gekauft werden. Dadurch ist eine individuell angepasste Erweiterung des Beetes möglich.

Die Pfosten können auch aufeinandergesetzt werden, sodass sich höhere Beete ergeben.

Das fest verschraubbare Rankgitter eignet sich für Kletterpflanzen oder zum Anbinden von Tomaten.

Der 37 cm breite und 103 cm lange Pflanzkasten kann auch mit Kräutern und Salaten bepflanzt werden. Das Beet ist 90 cm hoch. Im gleichen Design gibt es zudem Sitzbänke und Tische.

WITTERUNGSBESTÄNDIGER STAHL

Wie gemacht für den Balkon in der Stadt ist dieses relativ kleine Hochbeet aus verzinktem Stahlblech. Das Material rostet nicht, sodass das Beet witterungsbeständig ist.

VENTIL IN DER BODENPLATTE

Das Hochbeet wird als Bausatz geliefert. Mit dem in der Lieferung enthaltenen Werkzeug lässt es sich einfach und unkompliziert aufbauen. Das Beet hat eine Gesamthöhe von 84 cm. Der bepflanzbare Beetkasten hat eine Fläche von 40 × 100 cm und ist 20 cm tief. Gut durchdacht ist die Bodenplatte des Beetes. In der Mitte ist ein Ventil eingelassen, aus dem überschüssiges Gieß- oder Regenwasser abgelassen werden kann. Ecken und Kanten der Stahlbleche sind abgerundet, sodass man sich beim Gärtnern nicht verletzt. Die »Füße« des Beetes sind mit Kunststoffkappen versehen, damit der Bodenbelag Ihres Balkons auch beim Verschieben des Pflanzkastens nicht verkratzt.

Ein etwas kleineres Beet ist mit kleinen Holzrädern oder etwas größeren Kunststoffrädern erhältlich.

VARIANTEN UND ZUBEHÖR

Neben dem silberfarbenen Beet sind verschiedenfarbige Ausführungen im Angebot. Schwarz, Rot und Grün werden jetzt auch durch blaue, magenta- und cremefarbene Varianten ergänzt. Das Farbangebot wechselt von Zeit zu Zeit. Etwas kleiner als das Beet in der Abbildung rechts ist der Hochbeet-Trolley. Der Trolley ist mit zwei Rädern ausgestattet und kann damit leicht umgestellt werden. Zudem ist ein dreieckiges Beet im Angebot, das sich gut in einer Ecke auf dem Balkon platzieren lässt. Im gleichen Design gibt es auch einen Pflanz- und Arbeitstisch, der auf dem Balkon aufgestellt werden kann.

BEPFLANZUNG

Mit diesem relativ kleinen Pflanzkasten kommen vor allem Kräuter und schnell wachsende Salate gut zurecht. Auch Erdbeeren können problemlos angebaut werden. Für Wurzelgemüse ist es aufgrund der geringen Tiefe nicht geeignet. Großfruchtige Gemüsearten wie Zucchini, Tomaten und Gurken stehen besser in einzelnen großen Kübeln. Wollen Sie kein Gemüse anbauen, sind auch Beet- und Balkonblumen für die Bepflanzung geeignet.

Mit der Kräuterbepflanzung wirkt das aus verzinktem Stahlblech hergestellte Balkonhochbeet frisch und modern. Es ist pulverbeschichtet auch in weiteren attraktiven Farben erhältlich.

ETAGEN-HOCHBEET MIT ERKERN

Eine leichte und schnelle Montage ohne Werkzeug verspricht der Hersteller dieser Hochbeete aus Douglasie. Douglasienholz ist eines der haltbarsten Nadelhölzer. Durch den natürlich hohen Harzgehalt ist es witterungsbeständig. Bei diesem Beet kommt das Holz jedoch in Kontakt mit der Erde, was die Lebensdauer des Beetes beeinträchtigt.

BAUWEISE UND GRÖSSEN

Der Bausatz besteht aus Eckpfosten mit eingefrästen Nuten, Gewindestangen mit Flügelmuttern und Brettern, die einfach in die Nuten eingeschoben werden. Vier Beetgrößen stehen zur Auswahl. Die zwei etwas größeren, rechteckigen Modelle sind eher für den Garten geeignet. Sie sind 73 cm hoch und haben eine Grundfläche von 124 × 91 cm bzw. 90 × 65 cm. Zusätzlich werden zwei quadratische Beete mit einer Grundfläche von 65 × 65 cm für die Terrasse angeboten, die 73 und 117 cm hoch sind.

Hier ist der einfache Aufbau des Beetes gut zu erkennen. Er ist ganz ohne Werkzeug zu bewältigen.

EINEN BODEN EINBAUEN

Obwohl das Hochbeet auch für den Balkon und die Terrasse angeboten wird, ist kein Boden in dem Pflanzkasten vorgesehen. Möchten Sie Ihren Terrassenbelag schützen, können Sie das Beet selber von unten abdichten. Lassen Sie sich dafür im Baumarkt eine passende wasserfeste Siebdruckplatte zuschneiden. Schrauben Sie innen, mit Abstand zum Boden, 2 × 2 cm starke Quadratleisten an die Beetkastenwand. Bohren Sie einige Wasserabzugslöcher in die Bodenplatte und legen Sie sie einfach auf die angeschraubten Leisten. Der Terrassenboden steht so nicht in direktem Kontakt mit der Erdfüllung, kann aber von heraustropfendem Wasser fleckig werden. Stellen Sie das Beet daher nur auf unempfindliche Böden.

DAS BEET BEPFLANZEN

Neben der Grundfläche können bei diesen Beeten auch die Seitenwände bepflanzt werden. Für die Bepflanzung sind Kräuter und Salate geeignet. Das Hochbeet kann auch als Erdbeerturm gestaltet werden. Die Erdbeerausläufer ranken dabei über die Beetwände herüber und begrünen die ganze Fläche.

Der Clou an diesen Beeten sind die seitlich gekippten Bretter, durch die die Bepflanzungsfläche beträchtlich erweitert wird. Achten Sie im Sommer auf eine ausreichende Wasserversorgung.

PFLANZGESTELL IM SCHERENPRINZIP

Vom sächsischen Heimatwerk, einer Plattform, die regionale Manufakturen aus Deutschland unter einem Dach vereint, wird dieses Etagenhochbeet für den Balkon angeboten.

VERTICAL GARDENING

Vertical Gardening ist ein Begriff aus der Urban-Gardening-Bewegung. In den immer dichter bebauten Städten wird die Vertikale genutzt, um Grün zwischen der Bebauung unterzubringen. Vertikale Pflanzsysteme sind dort, wo es an Platz auf dem Boden mangelt, eine willkommene Möglichkeit, um Pflanzen wie Kräuter und Salate anzubauen. Auf kleinen Balkonen kann man den Platz an der Wand so durch übereinandergesetzte Pflanzgefäße nutzen.
Probleme ergeben sich beim Vertical Gardening oftmals in der Wasserversorgung. Die von der Wand abstrahlende Wärme lässt das Wasser in den Pflanzgefäßen schnell verdunsten. Sie müssen häufiger gegossen werden als Kübel und Töpfe, die auf dem Boden stehen. Vertikal-Gärten sollten daher mit Pflanzkästen ausgestattet sein, die nicht zu klein sind, sodass genügend wasserspeicherndes Substrat eingefüllt werden kann. Professionelle Wandbegrünungssysteme sind daher oft mit einer automatischen Bewässerungsanlage konzipiert.

EINFACH AUSKLAPPEN

Eine optisch ansprechende Möglichkeit für einen in der Vertikalen angelegten Garten bietet dieses Pflanzgestell im Scherensystem. Die Konstruktion ist schnell auf- und auch wieder abgebaut. Der zusammenklappbare Rahmen besteht aus Leisten, die mit Scherenbeschlägen miteinander verbunden sind. Beim Aufbau wird die Konstruktion aus massivem Eichenholz lediglich auseinandergezogen und mit einem Inbusschlüssel festgeschraubt. Die mit Wasserabzugslöchern versehenen Pflanzkästen aus weißem, recycelbarem Kunststoff werden einfach in das Gestell eingehängt. Durch den unkomplizierten Mechanismus ist das Etagenhochbeet im Herbst genauso schnell abgebaut, wie im Frühjahr aufgebaut. Die Pflanzgefäße werden ausgehängt, gesäubert und ineinandergestapelt. Am Gestell lösen Sie die Schrauben und klappen es zusammen. So kann man den Vertikalgarten platzsparend einwintern.

Tipp

Eichenholz ist auch ohne eine Behandlung widerstandsfähig und sehr lange haltbar. Optisch ansehnlicher bleibt es aber, wenn Sie es vor der Einwinterung mit einem Holzöl einreiben. Lassen Sie das Öl gut trocknen, bevor Sie das Gestell zusammenklappen.

IN DREI GRÖSSEN LIEFERBAR

Auf einer Grundfläche von nur 58 × 38 cm lassen sich die Gestelle für die mobilen Etagenbeete mit zwei, drei oder vier Pflanzgefäßen aufbauen. Die kleinste Variante ist 74 cm hoch, die mittlere 108 cm, die Ausführung mit vier Etagen kommt auf eine Höhe von 140 cm.

Mit grünen Kräutern bepflanzt, strahlt das Etagenhochbeet aus Eichenholz und weißen Kunststoffpflanzgefäßen Frische aus. Für mehr Farbigkeit können Sie Kräuter und Gemüse auch mit Zierpflanzen kombinieren.

PFLANZBOXEN ZUM STAPELN

Made in Germany sind diese originellen, stapelbaren Pflanzboxen. Sie werden im niedersächsischen Wendland unter strengen Nachhaltigkeitsprinzipien entworfen und produziert. Vermarktet werden die Boxen in eigenen Läden und über einen Onlineshop.

MATERIAL

Die Kästen sind aus robustem Birkensperrholz gefertigt, das aus nachhaltiger Forstwirtschaft in Finnland stammt. Das Holz ist wasserfest und lebensmittelecht lasiert, sodass die natürliche Holzmaserung leicht durchschimmert. Die Böden der Pflanzboxen sind mit Löchern versehen, sodass sich kein Wasser in den Gefäßen stauen kann.
Sie können die Kästen auch mit Beinen aus Lärchenholz, die es in drei verschiedenen Längen gibt, kombinieren. Zusätzlich sind Rollen für die Module verfügbar.

Vertikalgarten aus stapelbaren Modulen, die sich variabel in Höhe und Breite aufbauen lassen.

FLEXIBEL AUF- UND AUSBAUBAR

Durch das patentierte Stecksystem, bei dem die zusammengesteckten Wände und Böden nur durch feste Gummibänder gesichert sind, lassen sich die Kästen schnell und einfach auf- und auch wieder abbauen. Es werden keine Schrauben und somit auch kein Werkzeug benötigt.
Mit den quadratischen und rechteckigen Pflanzboxen ergeben sich vielfältige, gestalterische Möglichkeiten. Je nach vorhandenem Platz können Sie die Pflanzboxen neben- oder übereinander anordnen.
Die hier abgebildeten Vertical-Garden-Elemente haben eine Grundfläche von ca. 45 × 45 cm. Die Gesamthöhe mit Beinen beträgt 45 cm. Die Dachmodule sind mit 16,5 cm flacher.
Geräumiger sind die rechteckigen Pflanzkästen, die mit den Holzbeinen aus Lärchenholz kombiniert werden können. Sie haben eine Pflanztiefe von 47 cm, sodass auch größere Gemüsepflanzen darin angebaut werden können.

ZUBEHÖR

Für die quadratischen Vertical-Garden-Elemente bietet der Hersteller Plexiglasscheiben an, mit denen einzelne Kästen verglast werden können. Für die rechteckigen Pflanzboxen sind ein Frühbeetaufsatz und ein Tomatenhaus im Angebot. Die Aufsätze werden wie die Kästen einfach zusammengesteckt. Sie lassen sich schnell auf- und abbauen und platzsparend lagern. Die Höhe der Tomatenhaube reicht mit ihren 62 cm nur für die kleinbleibenden Balkontomaten.

Der Braunton der beschichteten Birkenholzkästen hat eine warme Ausstrahlung. Für den Balkon gibt es auch Möbel im selben Design, die mit den Pflanzkästen kombiniert werden können.

TISCHBEET AUS EUROPALETTEN

Europaletten sind ein günstiges, beinahe unverwüstliches Ausgangsmaterial für Bauwerke im Garten. Durch den schon seit Jahren anhaltenden Upcycling-Trend kursieren im Netz zahlreiche Ideen und Anleitungen für Gartenmöbel und Hochbeete aus den stabilen Transportpaletten. Upcycling ist eine Form der Wiederverwertung von Abfallprodukten, die dabei, im Unterschied zum Recycling, eine Aufwertung erfahren. Eine der vielen Ideen ist der Ausgangspunkt für dieses unterfahrbare Tischhochbeet.

BAUMATERIAL

- 2 Europaletten
- 2 Leimholzbretter 25 × 90 × 1,8 cm
- 2 Leimholzbretter 25 × 93,6 × 1,8 cm
- 4 Quadratleisten 2 × 2 × 80 cm
- 1 wasserfeste Siebdruckplatte 90 × 90 × 0,9 cm
- 2 Holzleisten, Dachlatten o. ä. 85 cm lang
- Sperrholz- und Teichfolienreste
- Holzschrauben und Nägel

SO WIRD ES GEMACHT

- Schleifen Sie die sägerauen Europaletten zunächst mit grobem und in einem zweiten Durchgang mit feinerem Schleifpapier glatt. Ein Schwingschleifer leistet dabei gute Dienste.
- Für den Tischkasten schrauben Sie die Leimholzbretter so zusammen, dass ein 90 × 90 cm großer Kasten entsteht.
- Befestigen Sie innen, am unteren Rand des Kastens, die Quadratleisten als Auflage für die Siebdruckplatte, die als Bodenplatte dient. Bohren Sie einige Löcher in den Boden, damit überschüssiges Wasser abfließen kann.
- Nun stellen Sie die Paletten aufrecht und verschließen die Längsstreben unten mit Sperrholz oder mit Teichfolienresten.
- Befestigen Sie die Dachlatten als Auflage für den Kasten etwa 30 cm unterhalb des oberen Randes der Palette. Heben Sie den Tischkasten auf die Dachlatten und befestigen Sie ihn mit Holzschrauben.

FÜLLEN UND BEPFLANZEN

- Kleiden Sie die Seitenwände des Tischhochbeetes mit Teichfolie aus, um das Holz vor Nässe zu schützen. Die Folie lässt sich leicht mit einem Handtacker befestigen.
- Füllen Sie den Tischkasten mit torffreier Universal- oder Gemüseerde. Für das 90 × 90 cm große Beet benötigen Sie etwa 160 l Erde.
- Die kleinen Kästen an den Tischbeetseiten können Sie ebenfalls mit Erde füllen und bepflanzen. Sie eignen sich auch als Materiallager für Blumentöpfe oder Gartenwerkzeug. Bepflanzt werden kann das Beet mit Kräutern, Salaten oder schnellwachsendem Gemüse. In den Seitenkästen machen sich rankende Pflanzen wie die Kapuzinerkresse gut. Auch Walderdbeeren, deren Ausläufer aus den Kästen herausranken, haben ähnliche Wirkung.
- Denken Sie daran, die Pflanzen regelmäßig zu gießen. Der Wurzelraum vor allem in den Seitenkästen ist klein, sodass nur wenig Wasser gespeichert werden kann.

An einem Tischhochbeet kann ganz bequem im Sitzen gearbeitet werden. Es eignet sich deshalb auch sehr gut für Rollstuhlfahrer und für Menschen, die aus gesundheitlichen Gründen nicht lange stehen können.

EPAL
PL-12 544
HT
EPAL

HOCHBEET-PRAXIS

Welche Baumaterialien eignen sich? Braucht man ein Fundament? Wie baut und befüllt man ein Hochbeet? All diese Infos und mehr gibt's hier zusammen mit der Beschreibung einer Bepflanzung, die funktioniert.

WELCHES HOCHBEET PASST ZU MIR?

Ein Hochbeet prägt den Garten. Dieses Element wird ins Auge fallen und das Gesicht Ihres Gartens verändern. In den meisten Fällen sogar nachhaltig, denn mit dem Bau eines Hochbeetes legt man sich über viele Jahre fest – das gilt besonders, wenn es stabil und haltbar gebaut ist. Wenn man nicht gerade zu den handwerklich geschickten Do-it-yourself-Gärtnerinnen und Gärtnern gehört, kann man viel Geld in ein solches Beet investieren – das sollte überlegt sein. Um lange Zeit Freude an dem Beet zu haben, ist es sinnvoll, sich im Vorfeld ein paar Gedanken um das geeignete Baumaterial, um die Größe und den Standort des Hochbeetes zu machen.

ZUM AUSPROBIEREN

Gehören Sie zu den Menschen, die das Hochbeetgärtnern erst einmal ausprobieren oder den Standort für ein langlebiges Hochbeet in der Praxis testen wollen, beginnen Sie am besten mit einem mobilen Hochbeet. Ein Element aus Aufsatzrahmen oder Bäckerkisten aus ein oder mehreren Europaletten ist kostengünstig sowie schnell auf- und wieder abgebaut. Die Bäckerkisten sind zudem unverwüstlich und können selbst nach mehreren Gartensaisonen noch anderweitig verwendet werden. Nähere Informationen zu mobilen Hochbeeten finden Sie auf den Seiten 52/53 und 56/57.

MATERIALAUSWAHL

Hochbeete sind seit einigen Jahren gefragt wie nie zuvor. Dementsprechend groß ist die Auswahl an Baumaterialien. Oft wird Holz verwendet, ebenso gut kann ein Hochbeet aber auch aus Stein, Metall oder Kunststoff gefertigt sein. Stimmen Sie das Material auf andere Gartenelemente, wie Gartenhaus, Zaun, Wegematerial oder Ihr Wohnhaus ab. So fügt sich das Hoch-

Mit einem Kistenhochbeet können Sie das Hochbeetgärtnern testen. Es ist schnell auf- und abgebaut.

Das Emmabeet: ein Hochbeet aus Holz, das mit geraden und gebogenen Seitenwänden erhältlich ist.

beet harmonisch in das Garten-Ensemble ein und wirkt nicht wie ein Fremdkörper.

Holz

Holz ist das gängigste Material für ein Hochbeet, Sie können unter vielen Varianten wählen: Sie bekommen Beete fertig montiert als Bausatz, oder Sie konstruieren Ihr Holzhochbeet ganz individuell nach eigenen Vorstellungen. Dauerhafte Konstruktionen erfordern handwerkliches Geschick und Erfahrungen, die auch den konstruktiven Holzschutz mit einbeziehen. Je höher die Lebensdauer des Beetes sein soll, desto wichtiger ist die Holzart, aus der das Beet hergestellt wird. Fichte und Kiefer sind Hölzer, die wenig kosten, für eine längere Haltbarkeit müssen sie aber behandelt werden. Einheimische Harthölzer wie Lärche, Robinie und Eiche sind teurer, halten aber auch ohne Imprägnierung länger. Werden Holzhochbeete innen mit einer Noppenfolie vor Feuchtigkeit geschützt und zudem auf ein Fundament aus Steinen gestellt, das vor aufsteigender Nässe schützt, erhöht sich ihre Lebensdauer deutlich.

Stein

Hochbeete aus Stein haben ein natürliches Flair. Sie haben die Wahl zwischen gemauerten oder trocken aufgeschichteten Beetwänden. Besonders Beete aus Naturstein oder aus Ziegeln wirken sehr hochwertig. Gemauerte Hochbeete brauchen unbedingt ein frostfreies Fundament, das mindestens 80 cm tief begründet ist . Bei trocken aufgeschichteten Beetwänden reicht ein fester Untergrund aus gewachsenem Boden. Ist der Boden aufgeschüttet, etwa auf einem Neubaugrundstück, stellen Sie das Hochbeet am besten auf ein verdichtetes Streifenfundament. Das Gleiche gilt für Beete aus Beton, die preisgünstiger sind als Naturstein- oder Ziegelbeete. Eine sehr einfache Hochbeetvariante besteht aus simplen Schachtringen aus Beton. Diese Bauteile aus wasserundurchlässigem Beton werden im Kanal- und Schachtbau sowie im Straßen- und Tiefbau eingesetzt. Sie wirken sehr schlicht, können aber mit Farbe oder Mosaiken interessant und individuell gestaltet werden. Einfach zu bauen sind Steinhochbeete aus Stecksystemen aus dem Baumarkt. Die Steine

Mit Stecksystemen aus dem Baumarkt ist ein Hochbeet ohne Mörtel schnell gebaut.

Materialien wie Naturstein, Ziegel und Holz können auch miteinander kombiniert werden.

halten durch Steckverbindungen, und zwar vollkommen ohne Mörtel. Die letzte Schicht besteht bei dieser Bauart aus Decksteinen, sodass die Verbindung optisch nicht in Erscheinung tritt.

Gabionen

Gabionen sind quaderförmige Drahtkörbe, die man mit Steinen gefüllt in der Regel als Stützmauern oder als Sichtschutzelemente einsetzt. Problemlos können sie auch zu einem Hochbeet zusammengebaut werden. Die Drahtkörbe lassen sich mit Steinen Ihrer Wahl, aber auch mit anderen Materialien wie Holz oder Bruchziegeln füllen. Ein Gabionenhochbeet können Sie deshalb gut auf andere Gartenelemente abstimmen, wenn sich die gleichen Baustoffe in den Körben befinden.

Metall

Hochbeete aus Metall zeichnen sich durch ihre Langlebigkeit aus. Relativ preisgünstig sind Beete aus zink- und aluminiumbeschichtetem Stahlblech zu bekommen. Diese Wellblechbeete wirken eher schlicht und etwas kühl. Sie passen in einen modern gestalteten Garten, können aber auch in einem geschickt gestalteten Umfeld mit Natursteinen und Staudenbeeten interessante Kontraste setzen.

Beete aus Cortenstahl fügen sich in der Regel harmonisch auch in einen naturnah gestalteten Garten ein. Sie sind relativ kostspielig, wegen ihrer langen Haltbarkeit aber durchaus empfehlenswert. Inzwischen bekommt man neben fertigen Beeten auch etwas günstigere Bausätze. Stahlbeete sollten immer mit Styroporplatten oder ähnlichem isoliert sein. Ohne Isolierung friert der Beetinhalt im Winter sehr schnell durch, im Sommer heizt sich ein nicht isoliertes Beet so stark auf, dass die Pflanzenwurzeln Schaden nehmen. Ein Vorteil von Beeten aus Metall ist ihr schmaler Rand, durch den wenig Pflanzfläche verloren geht.

Für den Aufbau eines Hochbeetgartens aus schweren Betonringen ist ein Kran oder Traktor erforderlich.

Kunststoff

In der Regel fügen sich Hochbeete aus Kunststoff optisch weniger gut als andere Materialien in den Garten ein. Sie wirken manchmal unnatürlich und passen meistens weder zum Haus noch anderen Gartenelementen. Dennoch haben sie viele Vorteile, die für einen Kauf sprechen; etwa wenn die Bausteine für ein solches Beet zu 100 Prozent aus recyceltem Kunststoff hergestellt sind, der zudem frost- und UV-beständig ist. Das Beet kann individuell in verschiedenen Größen und Höhen aufgebaut werden. Zudem gibt es zusätzlich viel praktisches Zubehör, wie Frühbeetaufsätze, Schneckenkanten und Bewässerungssysteme.

Hochbeete aus Kunststoff sind recht kostengünstig. Sie können – unten mit Bodenanschluss – im Garten oder – unten geschlossen – auch auf einer Terrasse aufgestellt werden.

DER BESTE STANDORT

Hochbeete dienen in der Regel zum Anbau von Nutzpflanzen wie Gemüse, Kräutern und kleineren Obstarten wie Erdbeeren. Aus diesem Grund spricht viel für einen Standort, der von der Küche aus schnell zu erreichen ist.
Noch wichtiger ist es aber, darauf zu achten, dass das Hochbeet einen Platz in der Sonne bekommt. Gemüse, Kräuter und Obst brauchen viel Licht, um gut wachsen zu können. Wertvolle Inhaltsstoffe, die für eine gesunde Ernährung wichtig sind, bilden sich nur unter Mitwirkung des Sonnenlichts.
Damit Ihre Pflanzen gesund und kräftig wachsen, ist zudem eine ausreichende Bewässerung und eine bedarfsgerechte Düngung notwendig. Um die Wasserversorgung zu gewährleisten, sollte ein Wasseranschluss in der Nähe des Hochbeetes zu finden sein. Auch eine Regentonne, die Sie hin und wieder mit einem Schlauch füllen, verringert den Gießaufwand enorm.
Schließlich spielt bei der Standortauswahl die Beschaffenheit des Geländes eine Rolle. Hochbeete können am einfachsten auf einem ebenen Untergrund aufgebaut werden. Bei einem Hangstandort schaffen Sie für das Hochbeet am besten im Vorfeld eine ebene Fläche.

DIE RICHTIGE GRÖSSE

Die passende Grundfläche Ihres Hochbeetes hängt von vielen Faktoren ab; etwa davon, wie viel Zeit Sie in die Pflege investieren wollen, wie viel Platz Sie im Garten haben, welche Pflanzen Sie kultivieren wollen und nicht zuletzt vom Budget, das Sie für die Anschaffung des Beetes bereit sind auszugeben. Etwas genauere Angaben können zu der passenden Beethöhe gemacht werden: Sind Sie etwa 1,60 m groß, ist eine Beethöhe von 70 cm ausreichend. Bei einer Körpergröße zwischen 1,70 und 1,80 m ist eine Beethöhe von 80 cm passend. Sind Sie größer als 1,80 m, bauen Sie ein Beet in 90 cm Höhe. Arbeiten Sie gern im Sitzen oder sind Sie Rollstuhlfahrer oder -fahrerin, ist ein unterfahrbares Tischhochbeet die richtige Wahl.

Ein Kräuterhochbeet kann leichter genutzt werden, wenn es von der Küche aus schnell erreichbar ist.

Ein Kistenhochbeet kann mit Kisten in verschiedenen Höhen an die Körpergröße angepasst werden.

STABILER STAND

Hochbeete sollen möglichst viele Jahre im Garten stehen, ohne dass sie Schaden nehmen. Daher ist es wichtig, den Platz für das Beet gründlich vorzubereiten.

UNTERGRUND VORBEREITEN

Der Untergrund für ein Hochbeet muss fest und eben sein. Besteht Anschluss zum Mutterboden, so muss der Untergrund durchlässig sein, damit Wasser abfließen kann und keine Staunässe entsteht, die die Wurzeln faulen lässt. Ein frisch mit Mutterboden aufgeschütteter Boden muss sich vor dem Aufstellen erst einmal setzen oder mit einem Rüttelstampfer befestigt werden. Unproblematisch ist dagegen der Bau eines Hochbeetes auf gewachsenem Boden. Dieser muss zur Vorbereitung einfach nur glatt abgezogen werden. Hat das Gelände ein Gefälle, gleichen Sie es am besten aus. Das Hochbeet soll möglichst waagerecht stehen.

EIN FUNDAMENT SETZEN

Nicht jedes Hochbeet benötigt ein Fundament. Während Beete aus Kunststoff und Metall ohne Fundament auskommen, ist ein solches für Hochbeete aus gemauerten Steinen unerlässlich. Wichtig ist, dass das Fundament nicht flächig, sondern nur streifenförmig unter den Hochbeetwänden angelegt wird. Die Pflanzfläche des Beetes sollte unbedingt mit dem Boden in Verbindung stehen, damit überschüssiges Wasser versickert und Bodenlebewesen von unten in das Beet einwandern können.

Für Hochbeete aus trocken aufgeschichteten Steinen oder Gabionen

Trocken aufgeschichtete Steinbeete oder Hochbeete aus Gabionen gewinnen auf einem Streifenfundament aus Beton oder einem Unterbau aus verdichtetem Schotter an Standfestigkeit. Für ein Streifenfundament heben Sie den Boden unter den Wänden des Hochbeetes etwa 30 cm

Unter den Beetwänden heben Sie einen ca. 20 cm tiefen Graben aus und verfüllen ihn mit Bausand.

Legen Sie Ziegelsteine in das Sandbett. Prüfen Sie die Höhen, damit das Beet später gerade steht.

tief aus. Gießen Sie den Graben mit Beton aus oder verfüllen Sie ihn mit Schotter, den Sie mit einem Stampfer verdichten.
Ist der gewachsene Boden von Natur aus schon sehr fest, lassen sich die Beete auch ohne Fundament aufstellen.

Für gemauerte Hochbeete

Die Bauweise, die Tiefe und die Breite eines Fundamentes für ein Hochbeet aus gemauerten Steinen sind von der Größe des Beetes und vom Material abhängig. In der Regel muss es frostfrei gegründet und somit mindestens 80 cm tief sein. Holen Sie sich für den Bau unbedingt den Rat eines Fachbetriebes ein.

Für Holzhochbeete

Für Holzbeete genügt es, wenn Sie lediglich unter den senkrechten Ständern ein Punktfundament aus Fertigbeton errichten. Heben Sie dafür an den Stellen, an denen die Pfosten stehen werden, je ein spatentiefes und spatenbreites Loch aus. Füllen Sie das Loch 3–4 cm unterhalb des Bodens mit trockenem Fertigbeton. Gießen Sie etwas Wasser auf den Beton und legen Sie einen quadratischen Pflasterstein auf. Der Stein soll etwa 2 cm aus dem Boden schauen, damit die Beetunterkante aus Holz nicht mit dem Erdboden in Kontakt kommt. Eine zweite Möglichkeit sehen Sie in den Bildern: Stellen Sie das Beet auf Ziegelsteine, die in einem befestigten Sandbett liegen.

UNTERBAU FÜR MOBILE BEETE

Mobile Hochbeete sind unabhängig vom Untergrund. Sie können sowohl im Garten als auch auf einer versiegelten Fläche aufgestellt werden. Sie eignen sich daher auch für Terrassen und Hinterhöfe. Selbst auf schadstoffbelasteten Böden kann ein solches Hochbeet aufgestellt werden, denn weder die Pflanzerde noch die Pflanzen selber kommen mit dem Untergrund in Kontakt. Mobile Hochbeete werden auf Europaletten gebaut. Sie finden vielfach in urbanen Gemeinschaftsgärten Verwendung, sind aber durchaus auch in Privatgärten zu finden.

Auf den Ziegeln ist das Holz vor Nässe geschützt. Bedecken Sie die Steine mit Rindenmulch.

Ein mobiles Hochbeet steht auf einer Europalette und kommt nicht mit dem Untergrund in Berührung.

AUFBAU EINES LÄRCHEN-HOCHBEETS

Hochbeete aus Holz sind beliebt und unter Hochbeetgärtnern weitverbreitet. Mittlerweile findet man viele Anbieter, die die Beete auch als Bausatz anbieten. Der Aufbau ist denkbar einfach und kann selbst von ungeübten Hobby-Gärtnern problemlos bewältigt werden. Beispielhaft wird hier der Aufbau des Hochbeetes auf den Seiten 12/13 beschrieben. Bausätze anderer Lieferanten arbeiten in der Regel nach demselben Prinzip. Bauen Sie das Hochbeet gleich am endgültigen Standort auf, es lässt sich später nur sehr schwer bewegen. Planieren Sie zuvor die Erdoberfläche. Für höhere Stabilität und längere Haltbarkeit des Holzes können Punktfundamente unter den Standsäulen des Hochbeetes angefertigt oder eine Reihe Steine unter den Holzwänden ausgelegt werden. Weitere Informationen zum Fundament finden Sie auf den Seiten 84/85.

SCHRITT FÜR SCHRITT

① Sortieren Sie den angelieferten Bausatz anhand der mitgelieferten Stückliste. Als Werkzeuge sind lediglich zwei 17er Schraubenschlüssel, eine Wasserwaage, ein Maßband und ein Akkuschrauber erforderlich.

② Wird das Hochbeet ohne Fundament aufgebaut, legen Sie zwei Deckbretter aus, auf denen das Beet provisorisch aufgebaut und ausgerichtet werden kann. Stellen Sie auf jedem Deckbrett zwei Säulen auf und schieben Sie in die Führungsnuten der Säulen jeweils zwei kurze Seitenbretter. Über den Brettern werden Gewindestangen eingezogen und mit Scheiben und Hutmuttern handfest angezogen. Schieben Sie in die zweite Nut der Säulen jeweils zwei lange Seitenbretter, sodass ein Kasten entsteht. Auch über diesen Seitenbrettern werden Gewindestangen montiert. Mit den Gewindestangen werden die Wände fest verbunden und halten dem Erddruck stand.

Tipp:

Die Bretter unter und über den Gewindestangen sind angeschrägt, sodass die Stange Platz findet. Beachten Sie die richtige Lage der Bretter.

③ Schieben Sie die übrigen Seitenbretter lagenweise in die Säulen ein. Bevor die Muttern angezogen werden, überprüfen Sie, ob das Beet gerade ist und die Seitenwände rechtwinklig zueinander stehen. Dazu müssen die oberen Bretter bündig mit den Säulen abschließen und die Beetdiagonalen, die Sie mit einem Maßband vermessen, genau gleich lang sein.

④ Nun werden die untergelegten Deckbretter entfernt und mit den langen Deckbrettern auf dem Hochbeet so ausgelegt, dass sie rundherum gleichmäßig überstehen. Verschrauben Sie die Abdeckung an den Säulen.

⑤ Um Wühlmäuse und andere Nager fernzuhalten, legen Sie am Boden engmaschigen Kaninchendraht aus und befestigen ihn innen an den Seitenwänden mit großköpfigen Schrauben.

⑥ Zum Schluss wird an den Seitenwänden des Hochbeetes eine Noppenfolie befestigt, die das Holz vor Feuchtigkeit schützt.

1

2

3

4

5

6

DIE RICHTIGE BEFÜLLUNG

Sobald das Hochbeet aufgebaut und ausgerichtet auf seinem Platz steht, steht der nächste wichtige Bauabschnitt an: Das Beet wird gefüllt, ein Vorgang, der einige Zeit in Anspruch nimmt, denn in einem Hochbeet hat eine erstaunlich große Menge an Füllmaterial Platz.

DIE BEDEUTUNG DER FÜLLUNG

Mit der Befüllung eines Hochbeetes haben Sie die Möglichkeit, optimale Bedingungen für gesundes Pflanzenwachstum zu schaffen.
Die Füllung muss dicht genug sein, damit die Pflanzen mit ihren Wurzeln genügend Halt darin finden, gleichzeitig aber auch so locker, dass ausreichend Luft an die Wurzeln gelangt. Sie soll Nährstoffe bevorraten sowie Wasser speichern und wieder abgeben können. Diese Anforderungen werden erfüllt, wenn Sie Ihr Hochbeet schichtweise mit verschiedenen Materialien füllen. Die Schichtung besteht im Wesentlichen aus drei etwa gleich starken Hauptschichten, die durch eine Zwischenschicht ergänzt werden kann. Jede Schicht hat eine spezielle Funktion.

Schicht 1

Die unterste Schicht besteht aus grobem Material und dient in erster Linie der Drainage. Sie gewährleistet, dass überschüssiges Wasser ungehindert abfließt, sodass im Beet keine Staunässe entsteht.

Zwischenschicht

Oftmals wird das Drainagematerial mit umgedrehten Rasensoden abgedeckt. Die Rasensoden fallen an, wenn bei der Vorbereitung des Stellplatzes Rasen entfernt wird. Die Soden sind so im Hochbeet gleich wieder »entsorgt«, aber für die Füllung nicht unbedingt notwendig.

Schicht 2

In der mittleren Schicht eines Hochbeetes sind die Nährstoffe bevorratet. Sie besteht aus halb verrottetem, organischem Material, das von den Bodenlebewesen nach und nach zersetzt wird.

Schicht 3

Die oberste Schicht ist das eigentliche Pflanzsubstrat, in das gesät und gepflanzt wird.

DIE KLASSISCHE FÜLLMETHODE

Seit jeher werden Hochbeete nach der klassischen Methode gefüllt.

Schicht 1 im klassischen Hochbeet

Bei dieser Methode besteht die Drainageschicht aus grobem Schnittgut, wie etwa Ästen und Zweigen, die beim Baum- und Strauchschnitt anfallen, sowie aus groben Ernterückständen von Gemüsebeeten. Zwischen den groben Bestandteilen befinden sich viele luftgefüllte Hohlräume. Davon profitieren die Bodenorganismen, denn nur bei ausreichend Sauerstoff können sie effektiv arbeiten und die Zersetzung des organischen Materials in Gang setzen.

Schicht 2 im klassischen Hochbeet

Die mittlere Schicht besteht aus halb verrottetem organischem Material wie dem Inhalt Ihres

Schicht 3
25 cm

Feine Gartenerde mit Kompost

Schicht 2
25 cm

Rohkompost

Zwischenschicht
5 cm

Rasensoden

Schicht 1
25 cm

Grobes Schnittgut

Komposters. Auch in dieser Schicht entwickelt sich ein reges Bodenleben, das den groben Kompost in seine kleinsten Bestandteile zerlegt. Diese stehen den Pflanzen nach und nach als Nährstoffe zur Verfügung.

Schicht 3 im klassischen Hochbeet

Die oberste Schicht in einem Hochbeet besteht aus der Pflanzerde. Sie können das Substrat aus feiner Gartenerde und reifem Kompost im Verhältnis 1:1 selber mischen, oder Sie greifen zu einer Universal- oder Gemüseerde aus dem Handel. Verwenden Sie torffreie Erden, um der Zerstörung von Mooren entgegenzuwirken, die Kohlenstoff binden. Torffreie Erden sind inzwischen genauso gut wie die torfhaltigen Produkte und können bedenkenlos verwendet werden.

Klassische Füllung: pro und contra

Im klassisch gefüllten Hochbeet sind die Bedingungen für Mikroorganismen ideal. Dadurch werden die Umsetzungsprozesse des organischen Materials in der unteren und mittleren Schicht sehr schnell in Gang gesetzt.
Der Vorteil daran: Es entsteht Verrottungswärme, die dem Pflanzenwachstum zugute kommt.
Der Nachteil: Durch die schnelle Zersetzung sackt die Hochbeetfüllung vor allem in den ersten Jahren sehr schnell zusammen. Das Hochbeet muss in jedem Jahr wieder neu aufgefüllt werden. Nach fünf bis sechs Jahren ist die Füllung so weit zersetzt, dass sie komplett erneuert werden muss. Dazu muss das Hochbeet vollständig geleert und in der beschriebenen Schichtung neu aufgesetzt werden.

Die untere Schicht im Hochbeet wird bei der alternativen Füllmethode aus Kaminholzscheiten, die dicht an dicht aufrecht im Beet stehen, aufgebaut. Sie zersetzen sich deutlich langsamer als dünnere Äste und Zweige.

ALTERNATIVE BEETFÜLLUNG

Oft wird ein Hochbeet angeschafft, um die Gartenarbeit zu erleichtern. Die Begeisterung, die in der ersten Saison aufkommt, weil das Arbeitspensum deutlich geringer ist, bekommt dann im Folgejahr einen Dämpfer, weil das Nachfüllen des Beetes schwere Arbeit ist. Noch anstrengender ist nach einigen Jahren das Neuaufsetzen der Füllung. Um dem zu entgehen, wurde eine alternative Füllmethode entwickelt.

Stabile Drainageschicht

Das Absacken der Füllung im klassischen Beet vollzieht sich insbesondere in der Drainageschicht aus Zweigen und Ästen. Ersetzen Sie diese durch stabileres Material, wie dicke Holzscheite, dauert die Zersetzung und damit das Absacken der Füllung viel länger. Schlämmen Sie eine strukturstabile Erde, etwa eine Mischung aus Gartenerde und Sand, in die Zwischenräume der Scheite. So verhindern Sie, dass Erde aus einer oder mehreren der aufliegenden Schichten in die Ritzen rutscht.

Auf die Drainageschicht folgt, wie bei der klassischen Füllung, der Rohkompost und dann die Pflanzerde. Auf diese Weise werden Sie im nächsten Jahr nur wenig Erde nachfüllen müssen. Sie können das Absacken noch deutlicher reduzieren, wenn Sie auch auf den Rohkompost verzichten und nur mit Universal- oder Gemüseerde auffüllen. Die Nährstoffnachlieferung ist so zwar geringer, kann aber ohne Probleme durch einen organischen Dünger ersetzt werden.

Um die Zwischenräume in der unteren Schicht auszufüllen, wird ein strukturstabiles Erde-Sand-Gemisch, das viel Luft enthält und nicht zusammengepresst werden kann, in die Zwischenräume geschlämmt.

PRAKTISCHES ZUBEHÖR

Wer tiefer ins Hochbeet-Gärtnern einsteigt, denkt schnell auch über sinnvolles Zubehör nach. Einige wichtige Ergänzungen zum Hochbeet werden hier vorgestellt.

Frühbeetaufsätze

Mit einem Frühbeetaufsatz können Sie deutlich – im Regelfall bis zu vier Wochen – früher im Jahr mit dem Anbau von Kräutern und Gemüse starten. Der Aufsatz besteht entweder aus einem festen Gestell aus Holz, Metall oder Kunststoff, das mit Plexiglasfenstern ausgestattet ist, oder aus einfachen Bögen, die mit einer durchsichtigen Folie überzogen werden. Der Frühbeetaufsatz funktioniert wie ein kleines Gewächshaus. Unter dem Glas oder der Folie erwärmt sich die Luft sehr schnell, sodass Sie ab Anfang März Salat pflanzen oder säen können. Allerdings muss man auch regelmäßig lüften, damit sich Pilzkrankheiten gar nicht erst etablieren können. Viele Hersteller bieten fertige Frühbeetaufsätze passend zu ihren jeweiligen Hochbeetmodellen an. Einen einfachen Tunnel aus Kunststoff können Sie leicht selbst herstellen. Setzen Sie dafür Ringschrauben innen in die Hochbeetwand und stecken Sie Weiden- oder Haselruten, zu einem Bogen geformt, durch die Ringe. Schon haben Sie Tunnelbögen, die man mit Folie überziehen kann. Lässt sich die Folie abnehmen, können Sie sie im Sommer durch ein Insekten- oder Vogelschutznetz ersetzen. Insektenschutznetze sind sehr kleinmaschig und halten Schmetterlinge und Gemüsefliegen von der Eiablage in den Blättern oder Früchten ab. Vogelschutznetze sind grobmaschiger. Man sollte regelmäßig kontrollieren, dass sich keine Tiere darin verfangen.

Bewässerung

Wollen Sie sich im Sommer und bei Hitze das lästige Gießkannenschleppen ersparen, statten Sie das Hochbeeet mit Bewässerungsschläuchen aus. Perlschläuche oder eine Tröpfchenbewässerung sind sehr ressourcenschonend,

An diese flexible Frühbeethaube kann man mit einem Reißverschluss ein Verlängerungsstück anbringen.

Tropfschläuche erleichtern das Gießen und sparen darüber hinaus eine Menge Wasser.

da das Wasser direkt an die Pflanzenwurzeln geleitet wird. Bewässerungen dieser Art lassen sich mithilfe eines kleinen Bewässerungscomputers, der am Wasserhahn angeschlossen wird, automatisieren. Der Computer kann über eine Zeitschaltuhr oder über das Handy gesteuert werden und bietet so eine gute Möglichkeit einer Urlaubsbewässerung.

Rankhilfen

Einige Pflanzen im Hochbeet kommen nicht ohne Pflanzstab oder einer Rankhilfe aus. Paprika und Tomaten brauchen meistens einen Stab. Wählen Sie bei Tomaten kleinbleibende Sorten aus, die hochwachsenden lassen sich aus dem Hochbeet kaum ernten.
Für Gurken und andere Rankpflanzen eignet sich der unten abgebildete Gurkenträger. Die Kletterhilfe besteht aus einem feuerverzinkten Stahlgitter und wird in das Beet gespannt. Setzen Sie zwei oder, je nach Beetlänge, auch drei dieser Träger in Ihr Hochbeet, können sie zudem auch als Halterung für eine Frühbeetfolie oder ein Schutznetz eingesetzt werden.

Schneckenschutz

Schneckenprobleme treten im Hochbeet weit weniger häufig auf als in bodennahen Beeten. Dennoch gelingt es den gefräßigen Tieren bei anhaltender Nässe in das Beet einzuwandern. Verräterisch sind Schleimspuren, die sie auf dem Boden und auf den Pflanzen hinterlassen. Sollten Sie Schnecken im Hochbeet haben, sammeln Sie sie sorgfältig ab. Am besten gehen Sie in den Abendstunden auf die Jagd, denn Nacktschnecken bleiben tagsüber gern in Verstecken, um sich vor Austrocknung zu schützen. Ist Ihr Hochbeet schneckenfrei, können Sie es mit einem Schneckenzaun vor erneuter Zuwanderung schützen. Ein Schneckenzaun besteht aus einem mehrfach umgebogenen Blech, das die Tiere nicht überwinden können.
Eine andere Möglichkeit besteht darin, das Hochbeet rundherum mit einem Kupferband abzukleben. Der Streifen hält Schnecken fern, da ein Darüberkriechen für die Tiere unangenehm ist. Achten Sie darauf, dass mit überhängenden Pflanzenteilen oder -ranken keine Brücke für die Schnecken gebaut wird.

Der Gurkenträger sorgt dafür, dass die Pflanzen und Früchte abgestützt werden und trocken bleiben.

Selbstklebendes Kupferband hält Schnecken fern. Es muss rund um das Hochbeet geklebt werden.

MÖGLICHKEITEN DER BEPFLANZUNG

Anfang bis Mitte März können Sie mit der Bepflanzung Ihres Hochbeetes beginnen. In einigen Gartencentern sind zu dieser Zeit Jungpflanzen zu bekommen. Wenn nicht, besteht die Möglichkeit, selber Pflanzen vorzuziehen.

Was kommt ins Beet?

Im Hochbeet wächst alles, was in Ihrem Garten auch wachsen würde. Sie können das Beet ganz nach Ihren Vorlieben bepflanzen. Der Platz im Hochbeet ist jedoch begrenzt. Wenn Sie viel frisches Gemüse ernten wollen, wählen Sie am besten schnell wachsende Arten. Gemüse mit langen Kulturzeiten wie Kohl und Kartoffeln nehmen viel Platz ein und blockieren das Beet für lange Zeit. Besser geeignet sind Salate, Kohlrabi, Radieschen, Spinat und Bohnen. Diese Gemüsearten wachsen so schnell, dass Vor- oder Nachkultur einer anderen Art möglich sind. So ernten Sie mindestens zweimal im Jahr.

AUSSÄEN ODER PFLANZEN?

Eine Faustregel besagt, dass alle Gemüsearten, bei denen die unterirdischen Pflanzenteile geerntet und verspeist werden, direkt ins Beet gesät werden. Zu diesen Gemüsearten zählen Radieschen, Rettiche und Möhren. Auch schnell wachsende Arten, wie Salatrauke, Schnittsalat,

Wenn Sie viel Platz auf der Fensterbank haben, können Sie Kräuter und Gemüse selber vorziehen. Beim Saatgut haben Sie eine viel größere Sortenauswahl als beim Kauf von Jungpflanzen.

Asiasalate und Spinat werden direkt gesät. Alle anderen Gemüsearten können auch als Jungpflanzen ins Hochbeet gesetzt werden. Wärmeliebende Arten mit langer Kulturdauer wie Paprika, Tomaten und Gurken müssen in jedem Fall vorgezogen werden. Paprika im Februar aussäen, Tomaten und Gurken Ende März. So bleibt Zeit, bis Mitte Mai kräftige Jungpflanzen heranzuziehen. Alternativ kann man diese kaufen. Bei Kopfsalaten, Kohlrabi, Roter Bete, Mangold, Lauch und Knollenfenchel ist eine Vorkultur üblich. Sie können die Pflanzen selber anziehen oder Jungpflanzen kaufen. Bei der eigenen Anzucht haben Sie den Vorteil, Saatgut aus einer großen Vielfalt an Sorten auswählen zu können. Sie brauchen allerdings einen hellen Platz für die Anzucht. Stehen die Pflänzchen zu dunkel, werden sie lang und weichtriebig. Solche Pflanzen sind empfindlich und anfällig für Krankheiten und Schädlinge.

BEPFLANZUNG NACH PLAN

Stellen Sie einen Pflanzplan auf, bevor Sie das Hochbeet bepflanzen. Informationen zu Pflanz- und Aussaatzeiten verschiedener Gemüsearten finden Sie in Aussaatkalendern, die in Gartenbüchern, im Internet und in Saatgutkatalogen zur Verfügung stehen. Mit einem Pflanzplan können Sie im Gartencenter gezielt Jungpflanzen und Saatgut einkaufen. Auf den folgenden Seiten finden Sie schon fertige Pflanzpläne, die Sie einfach nachpflanzen können.

Snackpaprika und Peperoni wachsen sehr gut im Hochbeet. Ab Mitte Mai, wenn keine Fröste mehr zu erwarten sind, können selbst vorgezogene oder gepflanzte Jungpflanzen im Freiland kultiviert werden.

VORSCHLAG 1: FRÜHJAHR

Ende März können Sie Ihr Hochbeet nach diesem Plan bepflanzen. Mit einem Frühbeetaufsatz können Sie sogar noch früher beginnen. Wenn Mitte Mai die wärmeliebenden Gemüsearten ausgepflanzt werden, können Sie das Frühgemüse bereits ernten, sodass Sie für das Sommergemüse wieder Platz im Beet haben. Die Bepflanzung ist für ein 120 × 180 cm großes Beet konzipiert.

Kohlrabi: Frühe Sorten, wie 'Lanro' und 'Azur-Star', 6 weiße, 6 blaue Jungpflanzen

Kopfsalat: 3 Jungpflanzen, z. B. 'Maikönig'

Pflücksalat: 3 Jungpflanzen, z. B. Eichblattsalat oder Lollo rosso oder Lollo bionda

Salatrauke: Direktsaat, schnellwüchsig, Sorten wie 'Speedy' oder 'Ruca'

Steckzwiebeln: Rote und gelbe Sorten, im Abstand von 8 – 10 cm stecken.

Möhren: Direktsaat, frühe Sorte wählen, evtl. ein Saatband verwenden.

Spinat: dicht säen, zarte Blätter auch im Salat

Radieschen: rote, weiße und bunte Sorten

① Kohlrabi ② Pflücksalate ③ Kopfsalate ④ Salatrauke
⑤ Steckzwiebeln ⑥ Möhren ⑦ Spinat ⑧ Radieschen

VORSCHLAG 1: SOMMER

Die meisten frühen Gemüsearten sind Mitte bis Ende Mai abgeerntet. Lediglich die Möhren haben eine längere Kulturdauer und bleiben noch stehen. Steckzwiebeln können früh als Frühlingszwiebeln geerntet werden. Wollen Sie sie ausreifen lassen, bleiben sie stehen, bis das Laub eintrocknet.

Gurken: Eine Freilandgurke oder Minischlangengurke, ideal ist eine Rankhilfe, siehe Seite 99.

Balkontomaten: Bleiben klein und müssen nicht ausgegeizt werden.

Buschbohnen: Können vorgezogen oder direkt gesät werden. Dekorativ sind blauschwarze Sorten wie 'Purple Teepeeh'.

Rote Bete: Können sowohl direkt gesät oder als Jungpflanze gesetzt werden.

Basilikum: Sehr wärmebedürftig, erst Ende Mai oder Anfang Juni pflanzen.

Petersilie: Lange Keimdauer, am besten Jungpflanzen setzen.

Anfang September kann auf die freiwerdenden Stellen noch **Feldsalat** ausgesät werden.

(1) Gurken (2) Balkontomaten (3) Buschbohnen (4) Rote Bete
(5) Basilikum (6) Möhren (7) Petersilie

VORSCHLAG 2: FRÜHJAHR

Der zweite Bepflanzungsvorschlag ist ebenfalls so konzipiert, dass Sie im Frühjahr rasch wachsende Salate und anderes Gemüse setzen. Mitte bis Ende Mai folgt dann anschließend die Sommerbepflanzung.

Sie müssen sich nicht streng an die Vorgaben halten. Es ist auch möglich, beide Varianten zu »mischen« und Gemüsearten aus dem Bepflanzungsvorschlag 1 mit aufzunehmen.

Kohlrabi: Frühe Sorten, wie 'Lanro' und 'Azur-Star', 6 weiße oder 6 blaue Jungpflanzen

Romanasalat: Dekorative Sorte 'Forellenschluss' selber anziehen, 6 – 8 Stück

Mini Pak-Choi: Asiatisches Gemüse für den Wok oder roh im Salat, selber anziehen, 12 Stück

Steckzwiebeln: Rote und gelbe Sorten, im Abstand von 8 – 10 cm stecken.

Salatrauke: Direktsaat, z. B. 'Speedy', 'Ruca'

Spinat: Dicht säen, zarte Blätter auch im Salat

Radieschen: Rote, weiße und bunte Sorten

Roter Blattsenf: Direktaussaat, scharf, als Beigabe im Salat oder gedünstet im Wok.

① Kohlrabi ② Romanasalat ③ Mini Pak-Choi ④ Steckzwiebeln
⑤ Salatrauke ⑥ Spinat ⑦ Roter Blattsenf ⑧ Radieschen

VORSCHLAG 2: SOMMER

Bis auf die Steckzwiebeln haben Sie die frühen Gemüsearten sicherlich abgeerntet.
Jetzt können Sie Sommergemüse pflanzen. Einige Arten bleiben bis in den Herbst auf dem Beet, aber auch rasch wüchsige Salate, die Sie mehrfach ernten oder noch einmal nachsäen können, sind dabei.
Balkontomaten: bleiben klein und müssen nicht ausgegeizt werden, zwei Jungpflanzen setzen.
Snackpaprika/Chili:je eine Jungpflanze, wärmeliebend, verschieden scharfe Sorten erhältlich.
Pflücksalat: 8 Jungpflanzen, z. B. Eichblattsalat oder 'Lollo rosso' oder 'Lollo bionda'
Salatrauke: Direktsaat, schnellwüchsig, Sorten z.B. 'Speedy' oder 'Ruca'
Knollenfenchel: vier Jungpflanzen, schossfeste Sorten wählen, schießt leicht bei Trockenheit.
Stangensellerie: vier Jungpflanzen, lange Kulturdauer, gute Wasserversorgung erforderlich.
Lauch: 15 Jungpflanzen, tief einpflanzen
Kapuzinerkresse: dekorative Rankpflanze, an den Rand setzen, Blüten sind essbar.

① Balkontomate ② Snackpaprika/Chili ③ Pflücksalat ④ Lauch
⑤ Stangensellerie ⑥ Knollenfenchel ⑦ Salatrauke ⑧ Kapuzinerkresse

1

2

3

4

5

6

7

8

9

10

11

12

SALATE UND GEMÜSE FÜRS HOCHBEET

① Asia-Salat
Kreuzblütler
Direktsaat April – August
Standdauer: 6 – 8 Wochen
Mischung aus verschiedenen Sorten, die scharf-würzigen Blätter enthalten Senföl,

② Bohnen
Hülsenfrüchtler
Direktsaat Mitte Mai – Juni
Standdauer: 3 Monate
Wärmebedürftig, erst nach dem 15. Mai säen, zum Ernten mehrmals durchpflücken.

③ Brokkoli
Kreuzblütler
Jungpflanzen April – Juni
Standdauer: 3 – 4 Monate
Unkomplizierte, nährstoffhungrige Pflanze, nach der Ernte wachsen Röschen nach.

④ Eisbergsalat
Korbblütler
Jungpflanzen Mai – August
Standdauer: 8 – 10 Wochen
Bildet fest geschlossene Köpfe mit knackigen Blättern aus. Hält von allen Salaten besonders gut im Kühlschrank.

⑤ Endivie
Korbblütler
Jungpflanzen Juni – August
Standdauer: 10 – 12 Wochen
Der leicht bitter schmeckende Salat mit festen Blättern bildet eine große Rosette aus. Ernte in frostfreien Perioden.

⑥ Fenchel
Doldengewächse
Jungpflanzen Mitte April – Mai
Standdauer: 4 Monate
Kommt bei Trockenheit und Kälte leicht ins Schießen; deshalb schossfeste Sorten wählen, schmeckt auch roh.

⑦ Feldsalat
Baldriangewächse
Direktsaat Juli – August
Standdauer: 8 – 10 Wochen
Salat für den späten Anbau, bleibt bei Aussaat gegen Jahresende über den Winter stehen, Ernte in frostfreien Perioden oder im Frühjahr.

⑧ Gurken
Kürbisgewächse
Jungpflanzen Mitte Mai – Juni
Standdauer 3 – 4 Monate
Freiland-Gurken sind unempfindlicher als Salatgurken, sie brauchen viel Platz. Sie schmecken vor allem roh im Salat oder auf dem Brot.

⑨ Kohlrabi
Kreuzblütler
Jungpflanzen April – Juni
Standdauer: 2 Monate
Schmecken roh und gekocht. Man unterscheidet frühe und späte sowie blaue und weiße Sorten. Im Sommer gepflanzte Frühjahrssorten schießen gern.

⑩ Kopfsalat
Korbblütler
Jungpflanzen April – August
Standdauer: 6 – 8 Wochen
Jahreszeitliche Eignung der Sorten beachten, im Sommer gepflanzte Frühjahrssorten neigen zum Schießen. Gibt's auch mit rotem Blatt.

⑪ Lauch
Zwiebelgewächse
Jungpflanzen Mitte April – Juli
Standdauer: 3 – 6 Monate
Jungpflanzen tief einsetzen und während der Kultur immer wieder anhäufeln, um möglichst lange und weiße Schäfte zu erzielen.

⑫ Mangold
Gänsefußgewächse
Direktsaat oder Jungpflanzen Mai – Juli
Standdauer: Mai bis zum Frost
Bunte Sorten sehen sehr dekorativ aus; jeweils nur die äußeren Blätter ernten, neue Triebe wachsen nach.

13

14

15

16

17

18

19

20

21

22

23

24

SALATE UND GEMÜSE FÜRS HOCHBEET

⑬ Möhren

Doldengewächse
Direktsaat April – Juni
Standdauer 3 – 5 Monate
Wachsen gut in lockerer Erde in tiefen Gefäßen. Gibt's in vielen verschiedenen Farben.

⑭ Multileaf-Salat

Korbblütler
Jungpflanzen April – August
Standdauer: 6 – 8 Wochen
Salatzüchtung mit gleichmäßig geformten Blättern, es gibt frühe und späte Sorten.

⑮ Pak Choi

Kreuzblütler
Jungpflanzen April, August
Standdauer: 6 – 8 Wochen
Asiatisches Gemüse, kältetolerant, schmeckt roh und gekocht. Kann schießen.

⑯ Multileaf-Salat

Korbblütler
Jungpflanzen April – August
Standdauer: 6 – 8 Wochen
Salatzüchtung mit gleichmäßig geformten Blättern.Es gibt kältetolerante frühe und schossfeste späte Sorten.

⑰ Radieschen

Kreuzblütler
Direktsaat April – August
Standdauer: 6 – 8 Wochen
Jahreszeitliche Eignung der Sorten beachten, Frühlingssorten schießen im Sommer, rote, weiße und bunte Sorten.

⑱ Rauke

Kreuzblütler
Direktsaat April – August
Standdauer: 6 – 8 Wochen
Wächst nach dem Schnitt nach. Im Winter auch Aussaat in Töpfen auf der Fensterbank möglich.

⑲ Romanasalat

Korbblütler
Jungpflanzen April – Juli
Standdauer 6 – 8 Wochen
Bildet länglich ovale Köpfe aus. Die rotblättrige Sorte 'Ovired' sieht jung wie roter Feldsalat aus und wird auch so angebaut.

⑳ Paprika und Chili

Nachtschattengewächse
Jungpflanzen Mitte Mai – Juni
Standdauer: 5 Monate
Wärmebedürftig, im Freiland Snackpaprika pflanzen, Blockpaprika reifen oft nicht aus. Chili gibt es in verschiedenen Schärfegraden.

㉑ Spinat

Gänsefußgewächse
Direktsaat April und August
Standdauer: 6 – 8 Wochen
Einzelne junge blätter schmecken lecker im Salat, auch dekorative rotstielige Sorten sind im Angebot. Rundblättrige Sorten sind ertragreicher.

㉒ Tomaten

Nachtschattengewächse
Jungpflanzen Mai – Juni
Standdauer: 4 – 5 Monate
Überdachung schützt vor Krautfäule, die durch Nässe hervorgerufen wird. Balkontomaten müssen nicht ausgegeizt werden.

㉓ Winterportulak

Portulakgewächse
Direktsaat September – Oktober
Standdauer: 10 – 12 Wochen
Winterfester Salat, der noch bei 4 °C wächst. Bei später Aussaat ist Ernte bis ins Frühjahr möglich. Schmeckt gut mit anderen Wintersalaten.

㉔ Zwiebel

Zwiebelgewächse
Direktsaat/Steckzwiebeln April
Standdauer: 4 – 5 Monate
Frisch kann man die Röhren als Frühlingszwiebeln ernten oder die Frucht reifen lassen, bis das Laub verwelkt und dann abstirbt.

1

2

3

4

5

6

7

8

9

10

11

12

KRÄUTER FÜRS HOCHBEET

① Basilikum

Lippenblütler

Jungpflanzen Mitte Mai – Juni

Standdauer: Mai bis zum Frost

Sehr wärmebedürftig, gibt's in vielen Sorten, duftet intensiv, passt gut zu Tomaten, reichlich verwenden.

② Bohnenkraut

Lippenblütler

Direktsaat Mitte Mai – Juni

Standdauer: 3 Monate

Einjähriges Bohnenkraut schmeckt intensiv, Bergbohnenkraut ist immer mehrjährig, Triebspitzen ernten.

③ Dill

Doldengewächse

Direktsaat oder Jungpflanzen April – Mai

Standdauer: 6 – 8 Wochen

In Presstöpfe säen, da das Kraut kein Umpflanzen verträgt. Frische Blätter ernten.

④ Gartenkresse

Kreuzblütler

Direktsaat April – Oktober

Standdauer: 2 Wochen

Sehr schnellwüchsig, scharf-würzig im Geschmack. Ernte erfolgt, wenn handhoch.

⑤ Lavendel

Lippenblütler

Halbstrauch, Pflanzen setzen

Standdauer: mehrjährig

Blüten duften stark, Knospen getrocknet für Potpourri, frisch für Öl- und Essigzubereitung.

⑥ Melisse

Lippenblütler

Halbstrauch, Pflanzen setzen

Standdauer: mehrjährig

Zitronen- und Weiße Melisse für Tee verwenden. Wuchert stark, deshalb Topfkultur.

⑦ Minze

Lippenblütler

Staude, Pflanzen setzen

Standdauer: mehrjährig

Große Artenvielfalt, besonders fruchtige Minzen eignen sich für Tee oder Cocktails. Wuchernde Sorten mit Wurzelsperre pflanzen.

⑧ Oregano

Lippenblütler

Halbstrauch, Pflanzen setzen

Standdauer: mehrjährig

Pizzagewürz, das auch Dost genannt wird. Wächst breitbuschig, im Frühjahr kräftig zurückschneiden. Blüten bei Insekten sehr beliebt.

⑨ Petersilie

Doldengewächse

Jungpflanzen Mai – Juni

Standdauer: zweijährig

Küchenkraut, das es mit glatten und gekrausten Blättern gibt. Kann man im zweiten Jahr bis zur Blüte ernten. Danach neu aussäen.

⑩ Rosmarin

Lippenblütler

Halbstrauch, Pflanzen setzen

Standdauer: mehrjährig

Verwendet werden die nadelartigen Blätter. Die Sorten 'Arp' und 'Veitshöchheim' sind besonders winterhart. Ggf. bei Kälte mit Reisig schützen.

⑪ Schnittlauch

Zwiebelgewächse

Jungpflanzen April – Juni

Standdauer: mehrjährig

Blühende Pflanzen komplett abschneiden, der Schnittlauch treibt neu aus. Auch die dekorativen Blüten sind essbar und bei Insekten sehr beliebt.

⑫ Thymian

Lippenblütler

Halbstrauch, Pflanzen setzen

Standdauer: mehrjährig

Immergrün, junge Triebe ernten, besonders aromatisch schmeckt das Würzkraut kurz vor der Blüte. Bunte Sorten im Winter mit Reisig schützen.

BEZUGSQUELLEN UND ADRESSEN

Hochbeetanbieter

Seite 12/13:
Anton Kastenmüller
Thal 31
83104 Tuntenhausen
www.kastenmueller-holz.de

Seite 14/15
Stima Hochbeete
Inh. Bernhard Frömter
88696 Owingen-Taiersdorf
www.stima-hochbeet.eu

Seite 22/23
Sager Gartengalerie AG
Sonnenstraße 8
CH-9434 Au SG
www.hochbeet-sager.ch

Seite 26/27
Gartenfrosch GmbH
Bierweg 1a
86492 Egling a. d. Paar
www.gartenfrosch.com
Mustergarten kann auf Anfrage besichtigt werden.

Seite 33
Bellissa Haas GmbH
Birkenstraße 22
88285 Bodnegg-Rotheidlen
www.bellissa.de

Seite 40/41
Max Lochboden GmbH
Tröstlberg 35
A-4431 Haidershofen
www.max-lochboden.at
Alle Hochbeete sind im Mustergarten zu sehen.

Seite 42/43
UMS Manufaktur
Mühlenweg 5
83416 Saaldorf-Surheim
www.ums-metall.de

Seite 44/45
WAMA – Walter Mauden
Hollertszug 27
57562 Herdorf
www.wamadirekt.de

Seite 46/47
Vitavia Hochbeete
www.vitavia.de
Verkauf über verschiedene Händler in ganz Europa

Seite 50/51
Juwel
Hochbeet Profiline
www.juwel.com
Verkauf über verschiedene Händler

Seite 57
Schroth-Paletten GmbH
Gärtnerstraße 5
74579 Neustädtlein
www.schroth-paletten.de

Seite 60–63
VEG Trug Europe GmbH
www.vegtrug.com
Verkauf über verschiedene Händler auch in Deutschland

Seite 64/65
Garpa – Garten- und Parkeinrichtungen
Kiehnwiese 1
21039 Escheburg bei Hamburg
www.garpa.de

Seite 5, 66/67
PLUS
Adalen 13 B
DK-6600 Vejen
www.plus.dk
Verkauf über verschiedene Händler auch in Deutschland

Seite 68/69

Herstera Hochbeete
Conca de Barberà 14–16
08211 Castellar del Vallès
www.hersteragarden.com
(man braucht aktuellen
Adobe Flash Player)
Verkauf über
verschiedene Händler

Seite 70/71

Cultivita Hochbeete
Seite weiß www.cultivita.com
Verkauf über verschiedene
Händler auch in Deutschland

Seite 72/73

Sächsisches Heimatwerk
www.heimatwerke.de

Seite 74/75

Werkhaus
www.werkhaus.de
Mit eigenen Ladengeschäfte in
verschiedenen Städten

Seite 80

Emma-Beet
Schreinerei Geisl
Petersbergstraße 2
85435 Erding
www.emmabeet.de

Gartenbedarf und Saatgut

Gartenbedarf-Versand Richard Ward
Ottobeurer Straße 46A
87733 Markt Rettenbach
www.gartenbedarf-versand.de

Gärtner Pötschke
Waldenburger Straße
(Ecke Parkstraße)
41561 Kaarst
www.poetschke.de
Mit Lagerverkauf vor Ort

Biogartenversand
Hof Jeebel
Jeebel 17
29410 Salzwedel
www.biogartenversand.de

Blickfang: Alte Zeiten
Menzel & Bauer GbR
Marienstraße 4
72131 Ofterdingen
www.blickfang-alte-zeiten.de
Auf zahlreichen Märkten
deutschlandweit vertreten

Bingenheimer Saatzucht AG
Kronstraße 24
61209 Echzell
www.bingenheimersaatgut.de

Bruno Nebelung GmbH
Freckenhorster Straße 32
48351 Everswinkel
www.nebelung.de
Händlersuche online möglich

Sperli GmbH
Freckenhorster Straße 32
48351 Everswinkel
www.sperli.de
Händlersuche online möglich

N.L. Chrestensen
Erfurter Samen- und
Pflanzenzucht
Witterdaer Weg 6
99092 Erfurt
www.chrestensen.de

Rühlemann's Kräuter und Duftpflanzen
Auf dem Berg 2
27367 Horstedt
www.kraeuter-und-duftpflanzen.de

REGISTER

Seitenzahlen mit * verweisen auf Abbildungen.

Lektorat: Christa Klus-Neufanger
Korrektorat: Claudia Kohnle
Umschlaggestaltung: griesbeckdesign, München
Layout: Claudia Padula, München
Satz: Anton Walter,Gundelfingen
Repro: Repro Longo, Bozen
Druck und Bindung: Friedrich Pustet, Regensburg

Printed in Germany

ISBN 978-3-8354-1880-6

1. Auflage 2019

Wichtiger Hinweis
Das vorliegende Buch wurde sorgfältig erarbeitet. Dennoch erfolgen alle Angaben ohne Gewähr. Weder Autor noch Verlag können für eventuelle Nachteile oder Schäden, die aus den im Buch vorgestellten Informationen resultieren, eine Haftung übernehmen.

Bildnachweis
Cover: **Dorothea Baumjohann, GAP**
Belissa: 33; **Botanikfoto:** 47 (Claudia Josefsteiner); **Buttazoni GmbH:** 93-1; **Cultivita**: 70, 71; **Dorothea Baumjohann:** 1 (Raith), 2–3, 4 (Beer), 7, 8, 9, 10–11 (Dübjohann), 13, 17 (Bobinger), 18 (Beer), 19 (Beer), 20 (Hufnagel), 21 (Hufnagel), 24-2 (Raith), 25 (Raith), 028 (Meier), 29 (Meier), 31 (Dübjohann), 34, 35, 36 (Schmidmaier), 37 (Schmidmaier), 039 (Reichart), 46, 48 (Wiesheu), 49 (Schweiger), 52, 53, 54 (UBI-OWL), 55 (UBI-OWL), 56-1, 56-2, 57, 58, 59, 62, 77, 78–79, 80-1, 81-1, 81-2, 83-1, 83-2, 84-1, 84-2, 85-1, 85-2, 87-1, 87-2, 87-3, 87-4, 87-5, 87-6 , 89-1, 89-2, 89-3, 89-4, 89-5, 90, 91, 93-2, 94, 095, 100-1, 100-2, 100-3, 100-4, 100-5, 100-6, 100-7, 100-8, 100-9, 100-10, 100-11, 100-12, 102-1, 102-2, 102-3, 102-4, 102-5, 102-6, 102-7, 102-8, 102-9, 102-10, 102-11, 102-12, 104-1, 104-2, 104-3, 104-4, 104-5, 104-6, 104-7, 104-8, 104-9, 104-10, 104-11, 104-12; **GAP:** 60–61 (Nicola Stocken), 63; **Gardena:** 92-2; **Garpa:** 64, 65; **Gartenfrosch:** 26, 27; **Geisl:** 80-2; **Heike Marquardt:** 32; **Heimatwerk:** 73; **Herstera Garden:** 68, 69; **Juwel:** 51; **Lochboden:** 40, 41; **Plus:** 5, 66-1, 66-2, 67; **Raith**: 24-1; **Sager:** 6, 22, 23, 92-1; **Stima:** 14, 015; **UMS Manufaktur:** 42, 43; **WAMA:** 45; **Werkhaus:** 74, 75

Illustrationen
Astrit Wilkesmann: 96, 97, 98, 99

GRÄFE UND UNZER

Ein Unternehmen der
GANSKE VERLAGSGRUPPE

blv

www.facebook.com/blvVerlag

Liebe Leserin und lieber Leser,

wir freuen uns, dass Sie sich für ein BLV-Buch entschieden haben. Mit Ihrem Kauf setzen Sie auf die Qualität, Kompetenz und Aktualität unserer Bücher. Dafür sagen wir Danke! Ihre Meinung ist uns wichtig, daher senden Sie uns bitte Ihre Anregungen, Kritik oder Lob zu unseren Büchern.

Haben Sie Fragen oder benötigen Sie weiteren Rat zum Thema? Wir freuen uns auf Ihre Nachricht!

Wir sind für Sie da!
Montag – Donnerstag: 9.00–17.00 Uhr
Freitag: 9.00–16.00 Uhr

Telefon:
00800 / 72 37 33 33*
Telefax:
00800 I 50 12 05 44*
Mo–Do: 9.00–17.00 Uhr
Fr: 9.00–16.00 Uhr
(*gebührenfrei in D, A, CH)
E-Mail: leserservice@graefe-und-unzer.de

GRÄFE UND UNZER Verlag
Leserservice
Postfach 860313
81630 München